JN419175

말씨가 자라면
인생이 된다

「슬기로운 언어생활로 나 인생을 바꾸는 법」

말씨가 자라면
인생이 된다

2025년 10월 22일 초판 1쇄 발행

지 은 이   정병태
이 메 일   jbt6921@hanmail.net
디 자 인   소도구
펴 낸 곳   한덤북스

신고번호   제2009-6호
등록주소   서울시 금천구 시흥대로 97 시흥유통센터 32동 302호
팩   스   (02) 862-2102

I S B N   979-11-85156-64-4 (13190)
정   가   16,800원

말씨가 자라면
인생이 된다

「슬기로운 언어생활로 내 인생을 바꾸는 법」

정병태 지음

한덤북스

인사드립니다.

소중한 당신에게
말의 비밀을
알려드립니다.

소통 30년,
이제야 알았다

사람은 한마디 말로 살아간다.

　　　　　　　　·

　우리는 말을 통해 배움을 깨닫고 세상을 알아간다. 자신의 자아
를 확립하고 타인과 관계를 맺는다. 진실한 관계를 맺기 위해서는
슬기로운 말이 필요하다. 멋지고 아름답게 살아가기 위해서는 고운
말이 필요하듯이….

　　　　　　　　·

오늘은 과거에 내가 해 온 말들의 산물이고, 내일은 오늘 사용한 말들의 결과일 것이다. 내 입에서 뱉어진 말의 파장이 내 운명을 결정짓는다. 그러므로 말 센스에 신중을 기해야 한다. 그래서 나는 언어를 '생명의 말'이라고 규정짓는다.

※

　우리의 뇌는 자신이 말한 어휘를 그대로 읽어 상황마저도 그렇게 만들어 버린다. 자신이 내뱉는 말과 똑같은 인생을 살아가게 된다

※

　사람은 말을 이용하여 정보 제공, 설득, 소통을 하기도 하고, 유언비어, 조롱, 아양, 거짓, 상처를 주기도 한다. 거짓말은 자신을 당가뜨리고, 지저분한 말은 삶을 어지럽힌다. 그러나 말을 사용하여 무한히 많은 선량한 일들을 해내기도 한다. 바르고 센스 있는 말은 건강하고 행복하며, 풍요로운 삶으로 우리를 이끌어 간다.

※

　당신이 지금 하는 말은 우리를 온전하게 만들기도 하고 파멸로 이끌기도 한다. 문제를 만들거나 해결할 수도 있으며, 서로를 병들게 하거나 놀랍게도 병을 낫게 할 수도 있다.

※

　강조하지만 어제 우리가 했던 말은 오늘 우리 삶의 실체를 만든다. 우리가 다 함께 잘 살아가기 위해서는 신실하되 의미를 담은 센

스 있는 말을 해야 한다.

　　　　　　　·

　나는 확고하게 말의 비밀을 알고 있다. 당신이 평소 쓰는 말로도 그 비밀을 풀기에 충분하다. 예를 들면 "보고 싶었습니다", "반갑습니다", "안녕하셨어요", "감사합니다"와 같은 일상의 대화로도 관계를 살리는 말을 발휘할 수 있다.

　일찍이 나는 이 원리를 발견했기에 다음의 말을 입에 달고 산다. "사랑합니다", "하는 일마다 잘될 거예요", "머리끝에서 발끝까지 치유될 것을 믿습니다", "능히 할 수 있으니 다시 해 보세요". 그리고 누군가가 나에게 요즘 어떻게 지내냐고 안부를 묻는다면 지체 없이 "최고로 좋습니다!"라고 말한다. 왜냐하면 위대한 말의 비밀을 경험상 잘 알게 되었기 때문이다.

　　　　　　　·

　회사나 집안의 분위기 모두 말의 결과이며 개인의 실패나 삐뚤어짐도 대부분 말의 산물이다. 만약 늘 몸이 아프다면 그것 역시 상처를 주는 말의 산물일 수 있다.

　특히 힘들 때나 우울할 때, 자신이 불행하다고 느껴질 때, 이 책을 반복해서 읽기를 바란다. 소리 내어 읽기만 해도 말이 예뻐지고 고와진다. 인생은 말하는 대로 된다.

　　　　　　　·

지혜의 왕으로도 불리는 솔로몬이 한 말이다. "혀는 사람을 죽이기도 하고 살리기도 한다. 혀를 놀리기 좋아하는 사람은 반드시 그 대가를 받는다(잠 18:21)." 다음의 속담도 있다. "말이 고마우면 키지 사러 갔다가 두부 사 온다."

우리들의 삶 속에서 말은 역동적으로 움직인다. 한 번 탄생된 말은 소멸되지 않고 온종일 남아 인격과 환경을 바꾸는 일을 한다. 그래서 흥하는 말은 나를 키운다. 이 책을 통해 곱고 예쁜 말 쓰기 비법을 함께 배워 보기 바란다.

매일의 말 울림에 초대한다.
언어생활 프로젝트를 시작한다.
특별한 말솜씨의 비밀을 전한다.
지혜로운 언어생활을 누리게 된다.

우리 함께 끝까지 읽자.
말의 힘을 믿으며.

— 정병태

차
례

———

들어가는 말   6

| 1장 | **말이 안내하는 인생** | 15 |

- 말하는 대로 -

당신의 모든 소원이 이루어지기를 ·· 화장법 ·· 감정의
변비 ·· 당신이 하지 않은 것들 ·· 생명의 다리 ·· 천둥
소리 vs 속삭임 ·· 다언증(多言症) ·· 선한 거짓말 ·· 고
력(苦歷) ·· 말로 뇌를 지배하라 ·· 작은 차이 ·· 마음
의 곳간 ·· 사랑의 말 ·· 포용의 큰 울림 ·· 말의 위력
·· 경쟁의 초원 ·· 사명의 말 ·· 진짜 말 걸기 ·· 사랑
의 언어 ·· 말 습관 ·· 언품 ·· 말 울림 ·· 네! ·· 존
재 ·· 환대 ·· 말 가치 ·· 핸들 ·· 지팡이 ·· 하루를
축하하는 법

2장   **마음을 훔친 말**   **59**

- 말만 바꿔도, 바뀌는 인생 -

나를 흔든 말 ·· 단어에 낚이다 ·· 제의(祭儀) ·· 유능
제강(柔能制剛) ·· 말 도색 ·· 공감의 리억션 ·· 스토리
텔링 ·· 날랜 말 ·· 대화법 수업 ·· 썸 ·· 문학 동아리
·· 언어의 프레임 ·· 그물망 ·· 할머니가 하는 말 ··
지혜 화법 ·· 평생 감사 ·· 성공 시크릿 ·· 거짓말은 하
지 마 ·· 쿠션 언어 쓰기

3장   **운명이 되는 말**   **93**

- 당신, 참 좋다 -

수다쟁이 ·· 더 깊은 말 ·· 디딤돌 ·· 언어 실험 ·· 언
어 환경 ·· 단어의 힘 ·· 입맞춤 ·· 신탁 ·· 난, 내가
좋다! ·· Dear ·· 신의 라인 ·· 당신, 참 좋다 ·· 매끼
잘 먹기 ·· 말 공장 ·· 먼저 스위치 ·· 향긋해 ·· 감사
표현 ·· 감동 인사 ·· 감사 실천 ·· 실생활에 감사 적
용하기 ·· 고미용 감사축 ·· 입버릇과 말씨 ·· 깊은 풍
요의식

| 4장 | 성공의 말투 | 129 |

- 말의 품격, 그 사람 -

격려자 ·· 기분을 밝게 하는 말 ·· 매일 격려하기 ··
채근담 ·· 공감적 말 ·· 키질 ·· 긍정 마인드 ·· 행동
케 할 말 ·· 꾼 ·· 0.1초 ·· 말의 방향 ·· 품성 ·· 최
고의 예(禮) ·· 인사말 선수 ·· 30년의 소통 ·· 말솜씨
·· 고전 읽기 ·· 호감을 사는 7가지 언품 ·· 어투 ··
온화함

| 5장 | 절대 긍정의 말 | 155 |

- 말 씨앗 -

긍정에 희망을 건다 ·· 독살 차단 연습 ·· 명절 ·· 긍
정적 입버릇 ·· 뇌 언어 ·· 놀라움과 감동의 하루 ··
간절한 바람 ·· 고승의 대답 ·· 위약 ·· 난, 내가 좋아
·· 돈으로는 살 수 없는 지지의 말 ·· 빵, 삶의 언어 ··
언어의 약 복용 ·· 인향(人香) ·· 박수 ·· 선언적 말

| 6장 | 정말 말조심해야 해 | 177 |

- 지혜로운 언어생활 -

언품(言品) ·· 말조심 ·· 황당한 험담 ·· 허세병 ·· 금지어 ·· 품(品)을 쌓다 ·· 7:3 ·· 언어폭력 ·· 말하기 전에 ·· 칼 ·· 가족 10계명 ·· 책임지는 말 ·· 말의 파급력 ·· 인지상정(人之常情) ·· 문득 ᄒ고 싶은 말 ·· '…만이라도' ·· 혀 ·· 말의 바다 ·· 지(知)·명(明) ·· 폭언

| 7장 | 삶을 변화시키는 말 | 207 |

- 새 시각을 불어넣는 말 -

친구의 격려 ·· 말씨라는 씨앗 ·· 말 꿀 · 말 ·· 따듯하게 변화시킨 단어 ·· 힘차게 돌아오는 혜망 ·· 무심코 건넨 말 ·· 놀라운 말의 치유력 ·· 말 색깔 ·· 표정 ·· 첫인상 ·· 질문 ·· 울림의 말 쓰기 학교 ·· 어휘 그릇 ·· 경고 ·· 시집 ·· 광각렌즈

- 설득의 기술 -

좋은 농담 ‥ 상상력 ‥ 정보의 출처 ‥ 공감적 수업 ‥ 산파적 대화법 ‥ 3분법 ‥ 5분법 ‥ 열의와 감성 ‥ 어떻게 ‥ 에피소드 ‥ 유머 ‥ 시각 언어 ‥ 이상적인 목소리 ‥ 듣기에 편한 목소리 만들기 ‥ 몰입시키는 법 ‥ 시선 처리 ‥ 제스처 ‥ 좋은 손 제스처 ‥ 꿀 공식 3가지 ‥ 런(learn) 소통 ‥ 떨림 극복 ‥ 인플루언서 ‥ 듣는 사람 ‥ 고대 수사학 ‥ 예술 언어 ‥ 좋은 생각을 권함 ‥ 이 책에 내재된 힘은(긍정적인 말에 내재된 힘은⋯)

말이 안내하는 인생

말하는 대로

말투를 바꾸면
모든 게
달라진다.

당신의 모든 소원이 이루어지기를

.

.

"독자들이 웃을 일이 가득하게 해 주세요.
모두 원하는 곳에 취직하게 해 주세요.

바람대로 사랑이 이루어지게 해 주시고
부디 건강과 행복이 가득하도록 도와주세요.

결국은 대화의 실타래가 풀리게 해 주시어
매 순간순간을 감사하는 마음으로 살게 해 주세요.

매일 하나만 더, 작은 한 자락일지라도 살찌우고,
다시 일으켜 세우게 도와주세요."

화장법

．

．

　여러분에게 전혀 부작용이 없는 가장 젊고 탱탱해지는 얼굴 화
장법을 가르쳐 드리겠다. 피부가 고와지는 호장법이다. 미소를 머
금고 큰 소리로 충실히 따라 해 달라.

　"와~ 이렇게 나는 피부가 고와!"
　"와~ 어쩌면 이렇게 피부가 곱지?"
　"어쩌면, 참 피부가 고와. 부드럽고 깨끗해, 탱탱해, 혈색이 좋
아!"

　이 주문을 날마다 아침, 점심, 저녁 10번씩 외치면 곧 몸에서 좋
은 호르몬이 분비되어 고운 피부가 될 것이다 울림이 있어 자존감
도 회복된다. 내가 해 보았더니 실제로 그렇게 되더라.
　긍정 생각, 행복 마인드, 여기에 미소를 머금고 하면 효력은 더욱
좋다. 진짜다. 하루에 30번씩 실천하기로 하자.
　"와~ 이렇게 나는 피부가 고와!"
　이 화장법의 특허는 내가 갖고 있으며 절대 부작용이 없다. ㅎㅎ

감정의 변비

.

.

우리는 타인에게 고마움을 표현하는가?

나는 미국 방문 시 택시를 타거나 음식점에 들어가기 전에 필히 팁을 확인하고 준비하여 들어간다. 그리고는 서비스가 제공되기 전에 미리 준비한 고마움을 표한다.

택시 기사나 음식점 웨이터에게 감사의 말과 후한 팁을 주는 것은 너무나 자연스러운 고마움의 표현이다. 어쩌면 그 타이밍을 설레며 즐긴다. 우리는 종종 자신의 삶을 풍요롭고 값지게 만드는 데 가장 큰 역할을 하는 가까운 사람들에겐(배우자, 가족, 친구, 파트너) 감사의 말을 하는 데 인색하다. 고마움을 표현하지 않는다.

다시 말해, 자신이 가장 소중히 여기는 사람들이 애타게 호의나 친절을 베풀어 주기를 바란다는 것을 잘 알면서도 고마움을 표현하지 못하는 병에 걸려 있는 듯하다.

한 지인은 낯선 이에게는 후한 팁을 주고 친절을 자주 베풀었으나 정작 자신의 가까운 사람들에겐 작은 고마움조차 표현하지 않았다.

당신이 하지 않은 것들

.

.

　나는 일찍이 유대교 랍비 잭 리머(Jack Riemer)의 시를 읽고 큰 깨달음을 얻었다. 그가 써서 알려 준 다정한 말들의 위력을 가까운 사람들은 물론 낯선 이들에게조차 실천하려 애쓰고 있다.

당신이 하지 않은 것들 / 잭 리머

(중략)

그래요, 당신이 내가 우려한 대로 하지 않은 것들은 무척 많답니다.
당신은 나를 참아 주었고, 나를 사랑해 주었으며, 나를 보호해 주었죠.

당신에게 보답하고 싶은 게 너무 많았어요.
당신이 전쟁에서 돌아오면 말이죠.
하지만 당신은 돌아오지 않았죠.

이 시는 나의 마음을 힘껏 후려쳤다.

고마움을 전하지 못하는 병이 있음을 인식하도록 말이다. 가까운 사람이 당신을 위해 무언가를 해 주었던 일을 기억한다면, 그럼에도 그에게 아직 감사의 말을 표현하지 못했다면, 이번에는 꼭 고마움을 표현하도록 하자. "그땐 고마웠어"라고.

생명의 다리

.

.

어쩌면 당신의 상식을 완전히 뒤바꿀 혁신적 발견을 할지도 모른다. 길 위의 낯선 사람에게 말을 건네 보라.

여전히 OECD 중 국가 자살률 1위가 대한민국이라고 한다. 죽기로 결심한 사람들이 모여드는 장소로는 마도대교가 으뜸이다 그렇다면 어떻게 하면 자살을 막을 것인가? '생명을 지키는 다리를 만들면 어떨까?'라는 창조적 제약을 두고 그들의 마음을 돌릴 방법을 찾기로 했다. 고정관념을 깨는 최고의 창의적 사고였다. 보행자에게 말을 건다. 강제가 아닌 스스로 자살하려는 마음을 접게 하는 것이다. 구체적이고도 창의적인 아이디어를 도출하기 위해 다양한 사람들이 모여 브레인스토밍을 했다고 한다. 희망을 잃거나 자살 충동을 느끼는 사람들에게 건네는 진심 어린 따뜻한 말 한마디가 그들의 행동을 바꿀 수 있다는 점에 착안했다. 그렇게 따뜻한 말 한마디를 건넸다. 의외의 장소에서 건네진 진지한 일상의 말 한마디가 좌절하여 자살하려는 사람들에게 큰 감동과 희망을 주었다. 또 다리를 건너는 일반 사람들의 지친 마음도 달래 주는 한편, 기쁨과 놀라움을 주었다.

다리 위를 걷는 사람들에게 누군가 말을 건다.

"밥은 먹었어?", "세월 참 빠르지?", "여기 좀 춥지?", "잘 지내지?", "지금 가장 힘들 건 뭐야?"

걷는 속도에 맞춰 가만히 따라오는가 싶더니. 안부를 묻기도 한다. 가벼운 농담을 던지기도 한다. 어느새 기분이 좋아지고 마음이 따듯해진다.

결과는 대성공이었다. 자살률이 급격하게 줄었다. 이 다리에는 보행자의 움직임을 감지하는 센싱 기술을 활용하여 삶의 용기를 북돋우는 문구나 사진, 그림 등의 메시지가 환한 조명과 함께 점등된다. 한마디로 말을 거는 생명의 다리다.

천둥소리 vs 속삭임

·

·

	천둥소리	속삭임
예시	- 말씨가 좋으세요. - 호인이세요.	- 저 사람 정서불안 아니야? - 맛대가리 하나 없네.

전교생이 두 명인 산골학교에서 시험을 볼 때 선생님이 말했다.
"이놈들! 전교 1, 2등이 컨닝을 해?"

야단을 칠 때도 '전교 1, 2등'이라며 상대를 존중해 말한다. 아이
들은 이런 선생님을 잘 따를 것이다. 이제부터 야단은 속삭임으로,
칭찬과 격려는 천둥소리처럼 소리 높여 가면서 하련다….

이것이 말의 힘이다.
말은 실행으로 옮겨야 진짜 말이다. 좋은 말이 나를 키운다는 걸
말 공부를 하면서 다시 알게 되었다.

다언증(多言症)

.

.

　속보다. 최근 다언증 환자가 급증하고 있다. 남의 말은 듣지도 않고 상대방을 지치게 할 정도로 계속해서 수다를 떤다. 지나치게 말이 많다. 성장기에 잔뜩 억눌린 까닭이다. 말할 기회가 주어지면 쉬지 않고 수다를 떤다. 하루에도 수백수천 마디의 말을 한다.

　내게도 그런 날이 있었다. 입을 닫을 수 없고 혀를 감추지 못했다. 문득 그런 날을 성찰하게 된다. 마음 한구석에 교만이 독사처럼 꿈틀거렸다. 실제로 남을 독살할 수 있는 치명적인 말을 마구 쏟아냈다. 순간 내뱉은 말을 합리화하기 위해 즉흥적으로 과장되고 허세적인 말을 보태며 말했다. 상대의 말보다 내 말이 더 가치 있고 중요하며 실용적이라고 여겨 말꼬리 잡기가 일쑤였고 말허리 자르기를 수시로 했다.

　내가 한때 필요 이상으로 말을 많이 해 온 다언증 환자임을 알게 되었다. 다시 굳은 결심을 한다. 혀에 재갈을 물려서라도 적게 말하고, 남의 말을 많이 듣겠노라고.

　평상시 힘써 훈련하겠다고.

선한 거짓말

사아디(Saadi)는 13세기 페르시아의 종교가이다. 시인이자 이야기꾼이며 가장 위대한 문학인으로 꼽힌다. 그는 여러 나라를 떠돌아다니다가 말년에는 고향으로 돌아와 계관시인이 되었다. 그의 우화들을 엮은 책을 보면 다음과 같은 가르침을 주는 이야기가 있다.

"나는 그대의 참말보다 저 사람의 거짓말을 택하기로 하겠다. 그대의 참말은 남을 해치려는 마음에서 나왔고, 저 사람의 거짓말은 착한 성품에서 나왔거니와, 그대가 보았듯이, 착한 성품은 착한 행실을 빚기 때문이다."

사아디가 쓴 책 〈고레스탄〉에도 이런 말이 나온다. "말이 있기에 사람은 짐승보다 낫다. 그러나 바르게 말하지 않으면 짐승이 그브다 나을 것이다." 이처럼 바르고 고운 말은 우리 스스로를 더욱 가치 있게, 사람답게 만들어 준다.

고력(苦歷)

.

.

요즘 뭐 하나 속 시원하게 되는 일이 없다고들 하지만 좋은 성과를 내기 위해서는 어느 정도 고통이 뒤따르는 법이다. 어제의 수고가 있기에 내일이 있듯이, 지금의 고통과 어려움을 놀이로 즐겨라.

마치 터널을 지나듯, 지나고 보면 한순간이다. 경력은 다른 사람과 똑같이 쓸 수 있어도, 고력(苦歷, 괴로운 세월을 보냄)은 오롯이 그 사람만의 것이다. 그것은 인생의 보석이 된다. 그래서 어떤 어려움 속에서도 긍정 미소를 잃지 않고 고마움을 잊지 말아야 한다.

나는 고력을 좋아한다. 힘겹게 살아 내 준 진짜 나이기 때문이다.
고력아! 사랑한다.

견뎌 줘 고맙다, 고력아!

말로 뇌를 지배하라

·

·

우리의 뇌는 하루에 단지 17% 정도만 긍정적인 말을 하고 듣는다. 하루에 83%는 부정적인 말을 하거나 듣는다.

뇌는 생각과 말을 통해 지배받는다. 뇌의 명령으로 몸이 움직여지는 게 아니라 **생각과 말이 뇌를 활성화**한다. 뇌를 긍정적이고 창조적인 생각으로 채우지 않으면 자연스레 부정적인 생각을 갖게 된다. 결국 긍정적인 생각을 갖지 않으면 부정적인 생각들로 뇌가 채워진다는 것이다.

뇌는 생각하는 대로 움직인다.

영국 총리 마거릿 대처(Margaret Thatcher)는 말하기를,

"생각을 조심하라, 말이 된다.

말을 조심하라, 행동이 된다.

우리는 생각하는 대로 된다".

작은 차이

·

·

성공한 사람과 실패한 사람 사이에는 어떤 차이가 있을까? 사실 사람들의 지능과 체력에는 그리 큰 차이가 나지 않는다. 단지 미묘하고 작은 차이에서 성공과 실패가 결정된다. 큰 돌에 넘어지는 것이 아니라 작은 돌에 넘어진다. '천리 둑도 개미구멍에 무너진다'는 속담은 작은 문제들이 쌓이면 곧 큰 기업도 무너뜨릴 수 있다는 의미이다. 그만큼 사소한 것이 중요하다.

'타마고보로'라는 과자로 유명한 다케다제과의 다케다 와헤이(竹田和平) 회장은 행운과 성과를 내기 위해 "감사합니다"라는 말을 하루에 무려 3,000번이나 반복했다고 한다. 그런데 더 재밌는 것은 이 "감사합니다"라는 말이 우리 뇌에 영향을 끼칠 때, 실제 매번 엄청난 감사의 마음은 없어도 된다는 점이다. 놀랍게도, 두뇌는 '왜 내가 지금 감사하다고 말하는 걸까?'라는 의문을 갖지 않고 "감사합니다"라는 말소리만 믿고 그 말대로 자극받고 작용한다. 결국 작은 한마디라도 말하는 대로 영향을 발생시킨다는 것이다.

마음의 곳간

나의 어린 시절 집 곳간엔 먹을 것이 가득하여, 그 곳간의 것들을 이웃과 함께 나누었다. 풍족한 집의 재산은 모두 곳간에 넣어두어 그 안에 들어 있는 것들을 틈틈이 나누곤 했다. 그것은 물질이었지만 마음이기도 했다. 이렇듯 생각해 보면 사람이 지닌 저마다의 가치들은 마음속에 있다. 누구나 재산이 있다고 해서 이웃과 나누지는 않기 때문이다. 선한 마음이 있어야만 선한 행동이 가능하고, 선한 말도 흘러나온다. 빈 곳간, 빈 마음에서는 나눌 선한 말이 나오기 어렵다.

집의 곳간은 쌀로 채울 수 있다지만, 우리 마음의 곳간은 무엇으로 채울 수 있을까? 아니, 채워야만 할까?

끊임없는 수양과 독서, 긍정적인 생각, 좋은 사람 같은 좋은 입력에 의해서만 가능하다. 우리 모두 마음의 곳간을 긍정으로 가득 채워 서로 선한 것을 나눈다면 좋겠다.

사랑의 말

.

.

    길 잃은 어린아이의 특징은 엄마가 보일 때까지 엉엉 운다는 것이다. 누군가 다정한 목소리로 아무리 달래도 소용이 없다. 그러나 엄마가 오니 울음을 뚝 그친다.

    얼마 전, 어린아이가 길에서 넘어져 울고 있기에 살펴보니 무릎이 까졌는지 무릎을 만지며 울고 있었다. 다정한 목소리로 말했다. "아프겠구나. 조금 지나면 괜찮아질 거야." 그래도 엉엉 더 크게 울었다. 곧이어 엄마가 나타나서는 사랑의 울림으로 말했다.

    "저런, 괜찮아. 엄마가 호~ 해줄 테니까." 아이는 바로 울음을 그쳤다. 아이를 진정으로 사랑하는 부모의 마음은 같은 말도 다른 깊이의 말 울림으로 아이를 위로한다. 마음속 사랑의 말은 큰 울림으로 전달된다.

포옹의 큰 울림

한번은 미국 시애틀 거리에서 말없이 서로를 안아 주는 프리허 그(Free Hug) 현장을 보았다. 상대를 위로하고 공감할 때 진심 어린 행동이 큰 에너지와 울림을 전달하듯, 그들은 말보다 허그로 큰 에 너지와 울림을 전했다.

포옹은 죽은 사람을 살리는 힘도 지녔다. 감동적인 포옹의 기적 이야기를 알고 있다. 태어난 지 얼마 안 된 쌍둥이 형이 죽어 가고 있었는데, 인큐베이터 안에 형과 동생을 나란히 누이니 건강한 동 생이 죽어 가는 형을 포옹했다. 그 사랑의 안아 줌에 의해 기적처 럼 형이 살아났다.

또 호주에서 있었던 이야기다. 한 아이가 27주 만에 미숙아로 태 어났다. 태어난 지 20분 만에 의사는 사망 진단을 내렸다. 하지만 어머니는 죽은 아이를 포기할 수 없었다. 그저 죽은 아이를 가슴 에 품고 놓아주지 않으려 꼭 껴안고 있었다. 그렇게 2시간이 지난 뒤 기적이 일어났다. 아이의 맥박이 뛰고 호흡이 돌아왔다.

어떻게 살아났는지는 아무도 설명할 수 없다. 단지 아이를 살리고 싶은 간절한 마음, 어머니의 사랑이 기적을 만든 것이다. 사랑의 울림은 이 시대에 더욱 필요하다. 가장 힘들고 어려울 때, 지쳤을 때, 앞날이 캄캄해 한 치 앞으로도 나아갈 수 없을 때, 뜨거운 심장이 마음에 전달되면 큰 울림으로 작용한다.

말의 위력

.

.

우리 몸에서 머리, 가슴, 팔다리, 혀 중 가장 중요한 것은 무엇일까? 정답은 '모두'이다.

어느 왕이 중병에 걸렸는데 사자 젖을 먹으면 나을 수 있다고 해서 전국에 공표를 한다. "사자 젖을 구해 오는 자에게는 이 나라의 절반을 주고 사위로 삼겠노라." 하지만 누가 목숨을 내놓고 잠자는 사자에게 다가가 젖을 짜겠는가? 우여곡절 끝에 어떤 사람이 사자의 젖을 짜는 데 성공하긴 했지만 곧 문제가 발생했다. 각 부위들이 성공이 자신의 덕이라고 강조하고 나섰기 때문이다.

먼저 눈이 말하기를, "내가 먼저 사자를 보고 계획을 세웠잖아. 내가 없었으면 시작도 못했을걸."

심장은, "보면 뭐 해? 내가 용기를 갖도록 돕지 않았다면 아마 사자 근처에 가지도 못했을 거야."

팔다리는, "봤지? 내가 가서 내 손으로 짜는 거, 봤지? 뭔 말이 필요해."

마지막으로 혀가 나섰다. "그래도 내가 제일 중요해."

모든 몸의 부위들이 황당하다는 표정을 지으며 말했다.

"말도 안 돼, 너는 아무것도 한 게 없잖아! 입만 살아가지고."

그렇게 왕궁에 도착해서 왕 앞에 사자 젖을 내놓자 혀가 말했다.

"개 젖입니다."

혀가 사자 젖을 개 젖이라 말한 것이다. 눈, 심장, 팔다리가 무시하자 보복한 것이다. 왕 앞에 젖을 내놓은 이들은 상을 받기는커녕 진창 얻어맞고 쫓겨났다.

우스개 이야기지만 사람들과의 관계, 조직에서도 늘 일어나는 일이다. 깊게 들여다보면 계획이나 전략이 처음부터 완벽하거나 누구 한 명이 뛰어나서 좋은 결과를 만들어 내는 경우는 드물다. 좋은 결과는 그 계획이 제대로 기능을 발휘하는지 어떤지를 모두 함께, 쉬지 않고 신중에 신중을 기하며 피드백했을 때 만들어지기 때문이다.

'내뱉은 말에는 지우개가 없다'라는 말이 있듯이 이 이야기도 말을 사용할 때 한마디가 매우 중요함을 알려 준다. 혀는 작지만 우리는 날마다 자신의 혀를 스스로 통제하며 살아야 한다.

경쟁의 초원

.

.

말은 마치 뛰는 말(馬)과도 같아서 천 리 밖까지 퍼져 나간다. '발 없는 말이 천 리 간다'라는 말도 있듯이.

얼마 전 〈동물의 왕국〉에서 사자를 보았다. 사자가 얼룩말을 향해 조심히 다가가 잡아먹는 장면이었다. 만약 사자가 자신의 거대한 몸집과 날카로운 발톱으로 "나 잘났소" 하고 성큼성큼 먹이에게 다가갔다면 사자는 굶어 죽어 멸종되었을 것이다. 살금살금 아주 디테일하게, 조용히 접근하다가 기회가 오면 먹이를 급습한다. 인간이 보기에는 졸렬해 보이는 방식이지만 사자에게는 최적의 생존 방식이기에 자연에서 살아남은 것이다.

사람들과의 관계도 별반 다를 게 없다. 사회에서 치열한 경쟁은 늘 일어난다. 한 번으로 끝나는 게 아니라 끊임없이 이어진다. 현실은 늘 치열하고 냉혹한 '경쟁의 초원'이다. 크기와 관계없이 언제든 망하고 망가질 수 있는 게 관계다. 그래서 나는 자주 말한다. 사람도 생각하고 말하는 동물이기에 서로를 꼼꼼히 살피고 소소한 부분까지 관심을 가질 필요가 있다고. 때로는 새가슴을 지닌 사자처

럼 철저해야 하고, 심혈을 기울여 세심하게 관계 맺기를 준비해야
한다.

  가젤이 초원에서 살아남기 위해 더 빨리 달리듯이, 사람들도 경
쟁에서 우위를 차지하기 위해서는 날카로운 혁신의 수단이 필요하
다. 그것은 바로 '말의 지혜'다. 경쟁의 초원에서 살아가는 우리에
게는 보다 더 슬기롭게 사용할 수 있는 실용적인 말의 지혜가 필요
하다.

사명의 말

.

.

설령 지금 엄청난 위기를 겪고 있어 절망적인 상태일지라도 긍정의 격려를 믿는다면 절대적인 참행복을 얻을 수 있다. 우리는 절대적인 참행복을 누리기 위해 이 땅에 태어났다

어느 날 생생한 소리를 들었다.

"이 뚱한 세상을 환하게 웃는 세상으로 만들어야 한다. 이 우중충한 세상을 아름다움과 행복으로 색칠해야 한다."

이후 이는, 나의 사명이 되었다. 나의 열렬한 바람은 이 세상이 서로를 향한 격려로 가득했으면 한다는 것이다. 미국의 사상가 마크 트웨인(Mark Twain)은 "한마디 격려는 우리를 한 달 동안 기쁘게 할 수 있다"고 말했다. 긍정의 격려는 사람의 가치를 인정하고 세워 준다.

나의 실천철학은 먼저 미소를 머금고 인사를 건네는 것이다. 반갑게 격려거리를 찾곤 한다. 바로 그 순간, 서로의 숨통이 트인다. 이 짧은 찰나에서 상대의 좋은 면을 찾아 격려를 해 준다. 이것이

인간관계의 열쇠가 된다. 만남은 항상 격려와 사랑의 표현으로 시작한다. 안녕을 묻고 희망을 나눈다.

　말을 사용하여 사람을 무너뜨릴 수도 있고 일으켜 세울 수도 있듯이 우리의 말을 격려하는 데 사용하면 영원한 보물이 되고 오묘한 기적을 만든다. 그래서 칭찬과 격려의 말은 우리 모두가 반드시 해야 하는 사명의 말이다.

　우리가 진심으로 격려할 때 세상은 환하게 웃을 것이다.

진짜 말 걸기

．

．

　누구를 만나든 인사를 건네거나 소개할 대 이름을 불러 준다. 이름은 그 사람의 최고 인격이다. 그래서 최고의 말은 이름을 외의 정성스럽게 불러 주는 것이다. **이름만 불러 주었을 뿐인데도 상대방은 자신감이 솟구치고 사는 것이 기쁘다.** 사랑스레 이름을 부르면 당신은 귀하고 소중한 사람이라는 의미다. '진짜 말'은 스스로 소중한 사람임을 느끼게 하는 것이다.

　- 감사한 홍미숙 실장님, 반가워요.
　- 최고의 리더 김준식 대리님, 좋은 아침입니다.
　- 존경하는 박칠성 선생님, ○○ 부탁드려요.
　- 예쁘신 정하늘 실장님, 식사는 하셨어요?

　이름을 기억하여 귀하게 불러 주면 대화가 실타래처럼 술술 잘 풀린다.
　다가가 인사하고 먼저 말을 건넨다. 어느 곳에 들어서기에 앞서, 누구를 만나기 바로 전, 이름을 기억하여 다정스레 불러 준다.

사랑의 언어

．

．

금(金)이 불 속에서 더욱 정결해지고, 보석이 숫돌을 거쳐 광채를 내듯이, 우리 인생에도 우리를 다듬는 숫돌이 있어야 한다.

보석의 광채를 내는 숫돌을 만들어 낸 사람들은 사근사근한 미소를 지니고 있고, 사랑의 말을 사용한다. 이제야 알겠다. 밝은 미소 뒤에는 처참하게 노력한 흔적이 있음을. 그래서 헬렌 켈러(Helen Keller)는 이렇게 말했다.

"만일 이 세상에 극복해야 할 장애가 없다면 우리는 풍요로운 결실을 맺는 인생을 살 수 없을 것이다."

사랑은 자기수용이라는 토대 위에서만 가능하다. 따듯하고 친절한 말을 베푸는 사람이 되기 위해서는 먼저 사랑을 충분히 받아야 한다. 열등하고 빈약한 자아상을 가지고는 절대 사랑을 나눌 수 없다. 그 사랑의 공급원이 바로 자기 자신이기 때문이다. 나를 위해서도, 나와 주변 사람에게 사랑의 언어를 건네야 한다.

사랑의 언어를 건네는 일은 결코 헛되이 허공으로 사라지지 않는다. 대신 예상치 못한 결과를 낳는다.

◆ 사랑의 언어 효과

파괴된 자아상 → 자긍심으로 회복

"당신을 진심으로 사랑해요"라는 말 한마디가 삶을 행복하고 아름답게 만든다. 그러니 기회가 주어질 때마다 입버릇처럼 사랑의 언어를 나누고, 서로를 인정하고, 격려해 주어야 한다.

사람들은 본능적으로 사랑의 언어를 갈급해 한다. 이를테면 "당신은 축복받은 사람입니다!", "사랑해요", "아름답습니다", "잘 이겨 내셨습니다", "멋져요", "좋아합니다", "예쁘서요", "당신 곁에 있겠습니다", "벗이 되고 싶습니다", "늘 고맙습니다"와 같은 말들이다.

신실하게 듣고 싶어 한다. 정말이다.

말 습관

·

·

사람의 행동 가운데 95%는 습관의 영향을 받고, 이 습관 속에서 개인의 자질이 조금씩 길러진다. 처음에는 어색하던 행동도 시간이 지나면서 습관으로 굳어지고 몸에 배면 아주 자연스러워진다. 말 역시 습관인데, 좋은 말 습관을 형성하면 습관이 성격을 형성하며, 이는 운명을 만든다. 습관이 곧 가장 중요한 자질이기에 어쩌면 좋은 운보다 좋은 습관이 더 중요하다.

좋은 습관이 기초가 되지 않으면 그 어느 곳에서도 성공할 수 없다. 습관은 모자이크처럼 일상생활의 작은 부분들이 하나하나 쌓여 형성된다. 러시아의 교육가 우신스키(Ushinsky)는 **"습관은 인생의 근본이 되는 기초로써, 그 수준이 삶 전체를 좌우한다. 좋은 습관은 사람의 사고방식 속에 존재하는 도덕적인 자본이다"**라고까지 말했다.

작은 일을 세심하게 수행하는 습관을 길러라. 작은 말도 따뜻하게 건네 보라. 성공은 바로 매일의 노력이 쌓여 계속해서 발전해 나가는 과정이다. 잊지 말자. 말 습관은 우리의 결정적 삶을 만든다.

언품

고등동물인 사람의 지능은 '숫자, 감각, 공간, 언어, 기억, 귀납, 표현'이라는 7가지 요소로 구성되어 있다. 그런데 예부터 공자에서 시작된 유교는 인(仁)을 강조했고, 노자의 사상이 중심이 된 도교는 도(道)를 강조했다.

직원 채용 시 일어났던 이야기다.

한 지원자가 면접실에 들어섰다. 그런데 바닥에 종이뭉치가 떨어져 있는 것이 눈에 띄었다. 깨끗한 바닥에 종이뭉치가 떨어져 있으니 금방 더 눈에 들어왔다. 지원자가 허리를 굽혀 종이뭉치를 주워 휴지통에 넣으려는데, 갑자기 면접관의 목소리가 들렸다. 지원자는 어리둥절한 모습으로 종이뭉치를 펼쳐 보았다. 종이에는 이렇게 쓰여 있었다. "우리 회사에 입사한 것을 환영합니다." 몇 년 후, 종이뭉치를 주웠던 그 지원자는 이 기업의 회장이 되었다.

또 다른 이야기다.

마지막 관문인 최종 면접이었다. 그런데 면접 시험에서 면접관은 지원자들에게 대뜸 이렇게 말했다.

"급한 일이 있으니 10분 후에 다시 오겠습니다."

면접관이 나가자 호기심이 발동한 지원자들은 너나없이 면접관이 책상 위에 놓아 둔 면접 관련 서류들을 뒤적여 보았다. 정확히 10분 후에 돌아온 면접관은 뜻밖에도 이렇게 말했다.

"면접은 이미 끝났습니다. 아쉽게도 합격자가 아무도 없습니다."

당황한 지원자들이 "면접이 아직 시작되지도 않았잖습니까?"라고 말하자 면접관이 이렇게 답했다.

"제가 자리를 뜬 동안 면접이 실시되었습니다. 우리 회사는 면접관의 서류를 마음대로 들춰 보는 사람은 직원으로 채용하지 않습니다."

작은 태도만으로도 그 사람의 인품, 즉 기본 자질을 엿볼 수 있음을 보여 주는 사례다.

말 울림

．

．

감동의 언어를 많이 사용하라고 말하면 흔히 감동할 일들이 없다고 한다. 우리 사회에 비난과 비판이 난무하여 감동의 언어 듣기가 쉽지 않다. 하지만 시각을 바꾸어 보면 감동의 언어는 많다.

"와!", "좋다!", "최고다!", "덕분입니다!", "좋은 아침!", "반갑습니다", "사랑해" 등 표현하는 순간 희망과 열정이 분출된다. 이는 초강력 긍정 에너지를 끌어당기는 마법의 말들이기 때문이다.

"정말 잘 어울리세요", "사랑하는 대표님께서 멀리서 여기까지 와 주셨는데 커피와 식사는 제가 대접하겠습니다".

이처럼 울림이 있는 말을 하루의 입버릇처럼 입에 달고 산다. 기대하는 마음으로 하루를 시작하고, 처음 소통하는 분들에게 "많이 덥지요?", "식사하셨어요?", "안녕하세요", "감사합니다", "그렇습니다"라고 먼저 인사를 건넨다.

어쩌면 사람들은 이 한마디를 듣고 싶어한다. 그 말이 무엇인지 스스로에게 질문해 보자.

오늘 어떤 말이 가슴에 찡하게 울림으로 와닿았는가? 은은하지만 가슴 벅찬 말이었나?

나에게 건네진 소박하고 따뜻한 말 한마디, 정성을 다해 나누었던 울림의 말은 엄청난 힘이 있어 오래도록 우리의 삶을 아름답게 만든다. 울림의 말은 가능한 한 의도적으로 많이 해야 한다. 강한 에너지로 삶을 이끌고, 나아가 한 사람의 삶 전체를 움직이기 때문이다.

네!

.

.

이 책을 읽는 여러분은 무척 잘될 거다. 정말 많은 긍정적인 단어들을 책에 담아서다. 그 긍정의 단어들을 읽고 말하고 쓰고 활용한다면, 가슴에 심는다면, 그대로 이루어진다(아브라카 다브라). 이한 조각의 "네!" 한마디로 잘 살기를 바라는 간절한 마음으로 이책을 썼다.

세계적인 문호 셰익스피어(Shakespeare)는 "인생을 망치지 않으려면 자신의 말에 신경을 써야 한다"라고 강조했다. 말은 큰 힘과 영향력을 가지기에 언제나 조심히 잘 선택해서 사용해야 한다.

사람들과의 다양한 관계 속에서 성공에 가장 중요한 첫 번째 그것은 무엇인가? 많은 요건이 있겠지만, 이미 큰 성공을 거둔 사람들은 한결같이 그 첫 번째 요건을 '말솜씨'로 꼽는다. 울림 있는 말솜씨는 삶을 변화시키고 더 나아가 행복한 열매를 맺게 해 주며 힐링을 경험케 해 준다. 그러므로 짧은 대답 한마디 "네!"에도 자신의 존재를 담아 대답하자. 자부심을 담아.

존재

.

.

성경의 맨 처음 창세기 1장 3절(하나님이 말씀하시기를 "빛이 생겨라" 하시니, 빛이 생겼다)은 "생겨라"라고 명령을 내린다. 모든 존재가 스스로 원해서 존재하는 것이 아니라 필요에 의해 생겨났다는 것이다. 당신은 이 세상에서 가장 존귀하고 꼭 필요한 존재라는 사실을 잊지 말아야 한다.

지금 내 앞에 있는 존재들은 꼭 필요한 존재다.
하나님이 나를 위해 주신 최고의 선물이다.

환대

．

．

 누군가를 맞이할 때 푸대접으로는 좋은 관계를 맺을 수 없다. 우리는 이미 환대의 시대에 살고 있다. 환대(歡待)의 뜻은 '반갑게 맞아 정성껏 후하게 대접함'을 의미한다.

 환대는 성공을 부르는 마력이다. 진심으로 사람을 환대하는 것은 최고의 가치이다. 사람을 맞이할 때 후한 대접을 하라. 페르시아 문화에서는 손님을 '신의 선물'로 여겼다. 지금도 손님을 극진히 환대해 준다.

 나는 철학이 좋아 서양철학을 전공했다. 서양 철학자 아리스토텔레스(Aristotle)는 멋진 말을 하였다. "부(富)를 이용하는 가장 좋은 방법은 바로 사람을 환대하는 것이다." 그의 스승이었던 플라톤(Platon) 역시 "환대야말로 거룩한 의무다"라고 역설했다. 근대 계몽주의 철학자 임마누엘 칸트(Immanuel Kant)는 "지구적 규모의 보편적 환대"라는 개념을 주창했다.

 환대는 이기적인 소유가 아니라 나눔과 수용의 실천이다. 환대를 실천하면 내 주위로 사람들이 모여든다. 혼자 오지 않고 여럿이 함께 온다. 그리고 꽃이 피게 된다.

　우리는 환대받기 위해 태어난 존재이다. 그러니 이제 환대해 맞이하고 환대의 말을 먼저 사용하고 자주 쓰자.

　"시간 내 주셔서 고맙습니다", "설레며 기다렸습니다", "안녕하세요", "어서오세요", "보고 싶었습니다", "오늘 커피는 제가 사겠습니다", "잘 오셨습니다", "만나 뵙게 되어 기쁩니다", "덕분입니다", "맛있게 잘 먹었습니다", "계산은 제가 하게 해 주세요", "정말 유익한 시간이었습니다" 등등.

　이 환대의 말들은 성공을 부르는 입버릇이다.

말 가치

．

．

　진솔하고 정중한 대화를 나누지 않는다면 신뢰를 바탕으로 하는 좋은 관계를 맺을 수 없다. 대화하기 전, '솔직하고 정중한 대화'라는 목표를 가지고 상대의 마음에 초점을 맞추고 이야기에 귀 기울여야 한다. 편견을 가지고는 깊은 대화를 나눌 수 없다. 부정적인 사고로는 소통할 수도 없다.

　저명한 정신과 의사인 스캇 펙(Scott Peck) 박사는 "자기 자신을 옆에 내려놓을 때라야 비로소 진정한 대화가 가능해진다"고 달했다. 이제 한마디에도 진심 어린 가치를 담아 나누자.

핸들

.

.

언제나 "예스"로 반응한다. 내가 긍정적으로 반응하면 주변의 상황도 긍정적으로 바뀐다.

자동차, 비행기, 자전거, 배의 공통점이 무엇일까?

여러분의 생각이 맞다. 모두 핸들로 방향을 잡아 움직이는 것들이다. 입술에서 나오는 말도 인생의 방향을 잡는 핸들과 같다. 즉, 어디서나 '아브라카 다브라(말한 대로 인생이 돌아간다)'이다.

그러므로 일상에서 천금 말씨를 사용하는 것이야말로 기적을 만드는 일이다. 말은 핸들과 같다. **핸들을 원하는 방향으로 돌리면 그대로 따라 움직이듯, 우리의 인생도 우리가 말하는 쪽으로 방향을 잡고 따라 움직인다.**

지팡이

·

·

    인디언 원주민들은 여럿이 모여 이야기를 나누는 중요한 자리에서는 지팡이 하나를 준비한다고 한다. 많은 사람 중에서 지팡이를 가진 사람만이 말할 수 있고, 다른 사람들은 들어야만 한다. 한 사람이 충분히 말하고 나면, 다음 이야기할 사람에게 지팡이를 넘겨준다.

하루를 축하하는 법

.

.

오늘 하루를 알차고 행복하게 보낼 가장 좋은 방법은 무엇일까? 바로 하루를 즐기며 축하하는 방법이다. 상대의 좋은 점이나 상황의 긍정적인 면을 찾는 것이다. 그 좋은 점을 찾아 표현하면 효능이 좋은 약이 된다. 사람들의 좋은 점을 찾는 일은 나를 성공케 하는 강력한 힘으로 작용한다.

또, '나는 어떠한 사람일까?' 하는 질문에 대해서도 나쁜 점보다 좋은 점을 찾는다면 곧 큰 성과를 얻을 것이다. 곰곰이 나를 돌아보니 왜 부정적인 것만을 찾으려 그리 애썼는지. 사실 나를 포함해 우리 주위에, 만나는 사람들에게는 좋은 점들이 참 많다.

매일의 삶에서 좋은 것을 찾고, 발견했으면 즉시 나누고, 축하한다. 이것이 하루를 가장 멋지게 보내고 기념하는 방법이다.

자, 오늘을 축하하자! 우리에게는 축하할 일들이 아주 많다. 좋은 얘깃거리를 나누자. 감사하고 좋은 소식을 듣자.

축하할 것을 말한다. 감사해야 할 대상에 대해 나눈다. 만나는 사람들에게 칭찬을 해 준다. 서로에게 좋을 소식을 나눈다.

마음을 훔친 말

말만 바꿔도, 바뀌는 인생

전설에 따르면
노자는 물소를 타고
주나라를 떠났다.

춘추시대 초나라의 철학자 노자-(老子)의 도(道)는 무한한 것으로
어떠한 규정성도 없다고 강조했지만 그 공(功)을 내세우지 않았다.
도교의 창시자이며 그의 말이 도덕경(道德經)이다.

나를 흔든 말

·

·

    얼마 전 이 시를 횡재한 듯 주웠다. 그의 단편소설 〈소나기〉는 국어 교과서에서 먼저 만났지만 말이다. 이 시를 읽는 순간, 가슴이 뛰었다. 그의 등단작인 시 '나의 꿈'을 사유하고 싶어 여러 번 다시 읊조려 보았다.

나의 꿈 / 황순원

꿈, 어젯밤 나의 꿈.

이상한 꿈을 꾸었노라.

세계를 짓밟아 문지른 후

생명의 꽃을 가득히 심고

그 속에서 마음껏 노래를 불렀노라.

이는 황순원 시인이 17세 평양 숭실중학교 시절에 발표했던 등

단작이다. 이 시기는 일제의 침략 만행이 극에 달했던 때이다. 저항 의식을 은밀히 내장한 시이다.

　꿈을 지고 가는 나에게, '나의 꿈'의 시 한 줄은 다가와 나를 당차게 흔들었다. 나의 꿈이 확고한 꿈인지 아닌지 보려고. 나를 흔든 시 한 줄처럼 이제 나를 흔든 말을 사람들에게 전하련다. 그 말이 오래도록 남아 나를 흔든 시 한 줄이 되듯이 말이다.
　나를 흔든 말, 나를.

단어에 낚이다

·

·

얼마 전 지인과의 대화 중 나온 하나의 단어가 오래도록 나의 마음 한 줄을 당기고 있다. **"낚이다."** 맞다. 문장에 낚이는 것이 아니라 문장 속 한 단어에 낚인다는 사실 말이다. 어떤 단어를 들으면 어느 경험을 건드리어 가져온다. 저마다 공감할 수 있는 단어에 낚이는 것이다.

미국의 소설가 오 헨리(O Henry)의 단편소설 〈강도와 신경통〉은 집주인과 강도가 서로 '신경통'이라는 단어에 공감하여 친구가 되는 내용을 다룬다. 그렇다. 서로 고통이나 약점을 나눌 때 참 친구가 될 수 있다.

어느 집에 강도가 들었다. 부스럭거리는 소리에 잠에서 깨어난 주인은 강도와 마주쳤고, 강도는 주인에게 총을 들이대며 "손들어!"라고 말했다.
집주인은 엉겁결에 왼손만 들었다.
"왜 한 손만 드는 거지?"

강도가 묻자, 주인은 자초지종을 설명했다.

"저는 신경통이 심해 오른손이 거의 마비되었습니다. 아무리 들려고 해도 도저히 들 수가 없습니다."

이 말을 들은 강도는 얼굴 표정이 바뀌며 다가와 이렇게 말한다.

"사실 나도 신경통 때문에 이 짓을 하고 있소. 낮에는 일도 하지 못하고 밤이면 온몸이 쑤셔서 잠도 못 자니 결국 총을 들고 이렇게 강도 짓밖에 할 수가 없었다오."

이렇게 시작된 대화가 서로의 아픔을 털어놓으면서 날이 밝을 때까지 계속되었다고 한다.

언제 낚이느냐? **서로 공감할 때 낚이는 것이다.** 공감대는 상대방과 내가 공유할 수 있는 달콤한 지점, 상대와 내가 맞아 떨어지는 지점이다.

제의(祭儀)

·

·

경영대학원 시절 교양점수를 채우기 위해 와인 강의를 신청했다. 평소 와인에 대해 전혀 아는 것이 없었다. 첫 수업 시 와인 전문가가 와인 마시는 즐거움을 보여 주었다. 크리스털 잔을 잘 보이게 들고 레드 와인을 담아 멋진 조명 아래서 몇 차례 빙빙 돌려 한 모금입에 넣고 천천히 굴리면서 음미한 다음, 다시 잔을 들어 건배 제의를 할 때, 우리는 아직 와인을 입에 넣어 오물거리지도 않았는데, 와인이 더 맛있게 느껴졌다. 그 이유는 무엇일까? 생각보다 훨씬 더 즐거운 경험이었다.

대부분의 제의(祭儀, cult)는 종교에서 비롯되었다. 이는 종교상의 제사 의식행위를 의미한다.

우리 삶 속에도 제의는 많다. 거창한 제의가 아니더라도 제의 절차를 거친 것들은 더욱 특별하게 느껴진다. 더 집중하게 되고 가치가 추가된다. 이러한 제의로는 인사말, 특이한 절차, 이상한 동작, 색다른 호흡, 능숙한 행위 등이 있는데, 거의 모든 유형의 경험과 행동이 다 제의에 포함된다. 이를테면 건배 제의하기, 악수하기, 기원하기, 박수, 외침, 미소, 제스처 등. 멋진 크리스털 와인 잔을 링빙 돌려서 와인을 한 모금 입에 넣어 오물거리고 천천히 음미한 다음 마시듯이 우리의 언어가 제의 과정을 거칠 때 마법이 일어난다.

실전에서 직접 실험하기를 권한다. 먼저 제의를 거치지 않고 커피 머그잔에 와인을 담아서 홀짝 마신다. 다른 한 잔은 멋진 크리스털 와인 잔에 담아서 거창한 제의 절차를 거치고 나서 마셔 본다. 같은 와인이지만 어느 쪽이 더 맛있게 느껴질까? 여러분이 실제 음미해 보고 나서 답변을 달라. 즐거운 마음으로.

이제 막 걸음마를 시작한 아기에게 음식을 숟가락으로 먹이기가 힘들다는 것은 다 알 것이다. 통 입을 벌리지 않으며 먹으려고 하지 않는다. 그럴 때 제의 절차를 거치는 동작으로 먹여 보자. 숟가락이 비행기처럼 허공을 가로질러 아이의 입으로 향하게 하고 착륙을 시도하는 비행기 소리를 낸다.

"지금 비행기가 입속으로 착륙하고 있습니다. 아~"

조금은 우스꽝스럽겠지만, 음식을 먹이기 수월할 것이다.

이러한 제의 절차의 효과가 어른에게라고 다를까? 음식 앞에서, 물건을 사야 할 순간에, 중요한 사항을 결정할 때, "지금 비행기가 입속으로 착륙하고 있습니다. 아~"와 같은 제의 쇼를 벌이면 순간의 즐거움을 강화시킬 수 있다.

놀랍게도, 언어와 제의는 생활 속에서 마법으로 작동한다. 제의 절차를 거치면 일상생활에서 보다 더 생동감 있고, 가치 있는 행동을 하게 되고 이 절차가 삶의 질을 높여 준다.

유능제강(柔能制剛)

개인적으로 공자(孔子)에게 영향을 주었던 중국 고대 철학자이며 도가 사상의 중심인 노자(老子)를 좋아한다. 스승 상용(商容)의 임종 시에 노자는 마지막으로 가르침을 청했다.

상용 왈 : (입을 크게 벌리고는) "내 혀가 있느냐?"

노자 왈 : "네, 있습니다."

상용 왈 : "그럼 내 이는 있느냐?"

노자 왈 : "하나도 없습니다."

상용 왈 : "알겠느냐?"

마지막으로 노자가 대답했다.

노자 왈 : "강한 것은 없어지고 부드러운 것은 남는다는 말씀이시 군요."

그러자 상용이 돌아누웠다.

상용 왈 : "천하의 일을 다 말하였다. 더 이상 할 말이 없구나."

현실에서는 마치 강함이 언제나 이기는 것 같지만 그것은 짧은 순간이다. 부드러움이 단단함을 이긴다. 그리고 오래간다.

이제 부드러운 덕을 행하고 사랑을 실천하자. 친절한 말을 통한 인간관계는 오래오래 이어져 간다. **진짜 부드러움이 오래간다.** 고사성어로는 '유능제강(柔能制剛)'. '부드러운 것이 능히 단단한 것을 이김'이라는 뜻이다.

말 도색

모두 알다시피 페인트칠을 하면 방 전체를 도색할 수 있다. 그런데 말로도 삶을 도색할 수 있다. **삶은 말하는 대로 도색된다.**

독일의 철학자 하이데거(Martin Heidegger)는 "언어는 존재의 집이다"라고 말했다. 내가 쓰는 말이 그 집에 들어와서 산다. 즉, 말대로 삶이 도색되어 버린다. 누가 나에게 "행복하느냐?"라고 물으면 숨 고를 새 없이 "행복하다"라고 답한다. 내 말대로 삶이 도색됨을 알기 때문이다. 그렇기 때문에 당연히 욕이나 막말도 하지 않는다. 주변에 있는 사람들에게까지 피해를 입히기 때문이다.

말은 고르고 고른 끝에 해야 한다.

"사랑해요", "좋아해요", "감사해요", "좋아요, 당신", "정말이지 꽃을 닮았어요!", "오늘 좋은 하루 보내요!"

고르고 고른 말에는 모두 울림이 있다.

공감의 리액션

·

·

상담사, 정신과 의사, 점쟁이의 공통점은 무엇일까?

남의 얘기를 잘 들어 주고 돈을 받는 직업이라는 점이다.

경청은 귀로만 듣는 게 아니라 온몸으로 잘 들어 주는 일을 의미한다. 상대의 말이 끝나면 곧바로 내 말을 시작하지 말고 한두 박자 충분히 쉬고 말을 시작하는 것이 좋다.

잘 들어 주는 사람은 공감 리액션이 풍부하고 뛰어나다. 공감하며 듣는 이 최고의 리액션은 어려운 기술이라서 심히 준비하고 애써야 사용할 수 있다. 공감 리액션에는 자세와 표정, 시선과 표현 등 대화에 맞는 비언어적 리액션도 필요하다. 영혼이 담기지 않은 리액션은 오히려 불쾌감을 줄 수 있으니 주의를 요한다. 이를테면 다음과 같다.

잘못된 리액션	요즘 사는 게 어려워 → 그래? 왜? 근데 다 그래
	나 왠지 우울해 → 너처럼 다 가진 사람도 우울할 수 있니
	시험 준비가 힘들어 → 그렇게 오랫동안 준비했는데 뭐가 힘들어

이럴 때 적극적 공감 리액션이 필요하다. 눈높이를 맞춘 리액션 말이다. 다양한 감정 표현도 중요하다. 예를 들어 보겠다.

좋은 리액션	시험 준비가 힘들어요 → 그러시겠어요 얼마나 고생하셨어요
	나 왠지 우울해 → 곧 좋은 일이 올 테니 함께 힘내자
	나 이번에 진급했어 → 와~ 그 높은 자리로 진급했구나! 잘됐다, 내가 다 기쁘다!

공감의 리액션을 할 때는 타이밍도 중요하다. 적절한 타이밍에 적절히 끄덕이며 표현한다.

"아하!", "과연 훌륭해", "정말이네", "맞아, 재미있어!"

스토리텔링

.

.

'스토리텔링(storytelling)'이란 무엇을 의미하는 걸까?

변하지 않는 스토리(story)를 끊임없이 변화하는 텔링(telling)을 통해 전달하는 것이다.

인간의 뇌는 게으르기 때문에 단순한 말보다 이야기를 더 잘, 오래 기억한다. 이야기에는 사람의 마음을 움직이는 힘이 있다. 이야기는 두뇌의 측두엽에 저장된다. 단순한 정보나 사실보다 이야기가 더 오래 기억된다. 그래서 스토리텔링은 다양한 마케팅 영역에서 활용되고 있다.

어릴 적 듣던 동화처럼, 스토리텔링은 정보를 이야기로 풀어 감정을 움직이는 힘이다. 예를 들어 제품의 기능을 구구절절 설명하는 대신, 제품으로 삶이 바뀐 사람의 이야기를 전하면 더 깊게 공감하게 된다.

날랜 말

·

·

　나는 대화 시 '말발', '말씨'라는 단어를 자즈 쓴다. 한번은 '말발'의 정확한 뜻을 국어사전에서 찾아보았다. '듣는 이로 하여금 그 말을 따르게 하거나 받아들이게 하는 **말의 힘**'이라는 뜻이었다. 말씨는 '말하는 태도, 버릇' 등을 의미했다.

　이러한 작은 '말씨'의 씨앗들이 자라서 삶을 바꾼다. 그런데 마음을 파고드는 날랜 말을 구사하려면 그만큼의 공이 든다. 말 공부가 필요하다는 뜻이다. 말발과 말씨는 공을 들일수록 세련되고 깊이 있게 다듬어진다.

　나도,

　오늘부터 다시 말 공부를 하며 더 날랜 말을 배우기로 했다.

대화법 수업

·

·

어릴 적 동네 큰 집 대문마다 [개 조심]이라는 글귀가 붙어 있었다. 이제는 '말조심'을 해야 하는 시대다. 서로에게 영 말조심을 하지 않는다. 다음은 대화법 수업이다.

먼저 나의 느낌을 차분히 말한다. 도움을 청하고 고마움을 표현한다. 그리고 상대방이 흥이 나도록 추임 말(맞장구)도 적절히 사용한다. 호칭에도 변화를 주어 격려적 호칭을 사용한다. 이를테면 퇴임한 사람에게는 현직에 있었을 당시의 호칭을 불러 준다. 선수에게는 이미 승리한 선수라는 의미로 '챔피언'이라고 불러 준다.

'나', '너'와 같은 말은 도자기와 같아 관계를 깨뜨리기 쉽다. 그래서 대화 시 안 쓰는 것이 좋다. 또, 상대방에게서 '아니오'라는 말이 나오기보다는 '예'라는 대답이 나오게끔 말한다. "날씨가 춥지요?" 대신 "견딜만 하지요?" 물으면 대화가 한결 쉬워진다.

온기 있는 말은 슬픔과 아픔을 감싸 안아 준다. 희망의 언어는 힘찬 자신감을 심어 준다. 이처럼 말은 상황에 맞게 조절하여 나누는 것이 좋다.

썸

*

*

오늘 혼자 조용히 읊조렸다. 썸타는 시가 있어서다. 류시화 시인의 '나무의 시'다.

나무의 시 / 류시화

나무에 대한 시를 쓰려면 먼저

눈을 감고

나무가 되어야지

너의 전 생애가 나무처럼 흔들려야지

(하략)

사랑의 정의와 실천법은 사람마다 다 다르다. 하지만 사랑은 함부로 말하지 않는 것일 수 있다. 나무가 되어 보듯, 그 사람이 되어서 말이다. 사랑하기에 말조심을 한다. 실제로 그렇다.

예를 들어 썸을 타고 있는데 상대방이 듣기 싫어하는 말을 할 수 있겠는가? 잘 보이기 위해서 더 좋은 말, 예쁜 말을 할 것이다. 그러니 우리 모두 매일 썸 타는 삶을 누려 보자. 상대에게 듣기 좋은 말을 해 보자.

요즘 내가 썸 타는 공자 〈논어〉의 한 구절이 있다. '애지욕기생(愛之欲其生).' 바로 '사랑은 사람을 살아가게끔 한다'라는 의미다. 모두 말을 사랑하고, 말과 썸 타며 사랑으로 가득한 하루를 살아가기를 바란다.

내 생각에 참사랑은 그 사람을 얽매는 것이 아니라, 그가 자기 뜻을 펼치고 살아가도록 바라는 큰마음을 갖는 것이다.

문학 동아리

*

*

한 대학교의 문학 동아리에서 실험을 하였다. A모임과 B모임에 다음에 해당하는 말만 하게 하였다.

- A모임 : 비판, 부정, 충고 / B모임 : 격려, 칭찬, 긍정

그런데 훗날 성공한 사람들을 보니 B모임 회원들이 월등히 많았다. 요인을 추적해 보았더니 긍정적인 말 때문이었다고 한다.

사람들은 보통 하루에 부정적인 언어를 30개 듣고, 긍정적인 언어는 2.7개 듣는다고 한다. 이 수치에 놀랐다면 당장 가정과 직장에서 긍정적인 단어가 더 많이 쓰여 지배하도록 하자.

대통령이 되기 전, 첫 번째 선거에서 패배했던 링컨(Abraham Lirc-oln)은 지지자들에게 이렇게 말했다.

"백 번을 져도 포기하지 맙시다."

말은 역사가 된다. 긍정의 단어를 밀도 있고 집요하게 인생에 결집시키면 현실이 된다. 역사가 일어난다. 말하는 대로.

언어의 프레임

.

.

여러분은 바둑을 둘 줄 아는가? 나는 조금 둔다. 바둑에는 '포석'이라는 말이 있다. 집 차지에 유리하도록 초반에 요소를 찾아 돌을 배치하는 일이다.

말투도 포석처럼 그 사람이 지닌 언어의 중점이자 프레임(뼈대)이다. 그 프레임은 전체 언어를 지배한다. 그래서 결국 그 언어가 의식과 생각을 바꾸고 품격도 바꿔 갖추게 한다.

한국인이 가장 많이 사용하는 단어 중 하나가 '없다'라고 한다. 어휘 프레임을 긍정적인 단어들로 바꾸는 것이 좋다.

다음은 우리가 많이 쓰지 말아야 할 말투다.

- 하고 싶지만 시간이 없어.
- 인맥이 있어야 뭘 하지.
- 이 나이에 뭘 하겠어.
- 왜 나한테만 이런 일이 자꾸 생기는지 몰라.
- 이런 것도 못하다니 나는 실패자야.

- 사실 나는 소심하고 용기가 없어.
- 사람들이 나를 화나게 해.
- 이건 그냥 내 습관이야.
- 맨 정신으로 그걸 어떻게 해.
- 가만이나 있으면 중간이나 가지.
- 난 원래 이래.
- 상황이 협조를 안 해 줘.

이 말을 나열하다 보니 퍼뜩 아리스토텔레스의 말이 떠올랐다.
"용기 있는 자가 되고 싶은가? 용기 있는 척하라!"

가장 좋은 언어 학습법은 입으로 말하고 쓰면서 실제로 언어대로 행동하는 것이다. 학습효과를 극대화할 수 있다.

그물망

·

·

새나 물고기를 잡을 때 그물망을 친다. 어릴 적 기억 중에 생생하게 기억나는 것이 고기를 잡기 위해 그물망을 쳤던 일이다.

사실 그물망 치기가 그리 쉽지는 않다. 그물망을 가지런히 모아 한 움큼 가득 쥔 오른손을 목적 지점을 향하여 앞쪽으로 펼치듯 던진다. 그때 왼손에 걸쳐진 그물망을 가볍게 밀어 주어야 한다.

말도 인생의 그물망 역할을 한다. 평소 내가 던져 놓은 말에 온 갖 것들이 걸려 올라오게 된다. 물고기가 있을 만한 곳으로 정확히 그물망을 던져야 물고기를 잘 잡을 수 있듯, 말하는 것도 그물망 치듯이 요령을 배우고 연습을 해야 한다.

"난 내가 싫어", "아이고, 내 팔자야!", "하나도 되는 일이 없네!" 라고 말하면 그 말들이 그물망에 그대로 걸려든다. 반대로 "잘 될 거야", "봐! 지금 행복하잖아", "가능해!"라고 말하면, 역시 그대로 걸려든다.

할머니가 하는 말

*

*

"괜찮다", "곁에 있어 줄게".
기다리고 긍정하는 말이다.
"안 돼"가 아니고 "괜찮아".
"하지 마"가 아니고 "다 그런 거야".
"그러면 혼나"가 아니고 "그래야 크지".

우리는 할머니가 손자 손녀에게 하는 기다리고 긍정하는 말을
배워 사용해야 한다. 할머니가 하는 말.

지혜 화법

·

·

놀랍게도 인재가 많이 나오는 동네는 확실히 사용하는 언어가
다르다고 한다. 그 대표적인 동네가 유대인 동네일 것이다.

왕이 된 솔로몬이 하나님께 가장 먼저 달라고 한 것이 무엇인지
아는가? 바로 '지혜'였다.

유대인 아이들은 5살이 되면 유치원에서부터 집중적으로 언어,
대화, 발표 교육을 받는다. 이후 지식의 양이 늘면 〈탈무드〉를 외
우고 토론교육을 받는다. 가장 많이 훈련시키는 방식이 1:1 토론 방
식인 하브루타다. 자신이 이해하여 알게 된 내용을 상대방에게 설
득하는 교육법이다. 다음의 하브루타 규칙을 몸에 배게 한다.

- 항상 연장자에게 먼저 발언권을 준다.
- 다른 사람의 이야기 도중에 끼어들지 않는다.
- 말하기 전에 먼저 생각한다.
- 당황하면서 서둘러 대답하지 않는다.
- 질문과 대답을 간결하게 한다.
- 처음 할 이야기와 나중에 할 이야기를 구별하여 한다.

- 잘 알지 못하고 말했거나 잘못 말한 것은 솔직히 인정한다

    이러한 언품(言品) 규칙을 유치원에서부터 배웠다니 유대인이 전 세계의 변호사, 사업가, 교수 등의 자리를 장악하게 된 것도 당연한 일일 것이다.

평생 감사

।

한 가지 분명한 사실을 발견했기에 감사 관련 책을 썼다. 감사하는 사람에게는 행복이 온다는 것. 감사한 일을 적으면 기적 같은 일들이 일어난다. 실로 감사 일기를 쓴 뒤 우울감이 감소하고 성과가 향상되는 결과가 일어났다. 인도의 시인 타고르(Tagore)는 "감사의 분량이 곧 행복의 분량"이라고 말했다.

아주 먼 옛날에 가난한 나무꾼이 나무 짐을 지고 산을 내려오다가 그만 굶주린 호랑이를 만났다. 나무꾼은 짐을 벗어던지고 무릎을 꿇고 신에게 기도하였다.

"신이여! 딸린 가족이 많아서 저는 절대 죽어서는 안 될 사람이랍니다. 그러니 제발 살려주세요."

한편, 사흘을 굶어 허기진 호랑이도 어디서 봤는지 무릎을 꿇고 기도하기 시작하였다.

"신이여! 오늘도 일용할 양식을 주셔서 감사합니다."

호랑이의 기도는 좋은 먹잇감을 주셔서 감사하다는 내용을 담고 있었다.

그렇다면 하나님은 누구의 기도를 들어 주었을까? 나무꾼? 아니면 호랑이?

응답은 호랑이가 받았다. 왜냐하면 신은 무엇 무엇을 달라는 수많은 사람들의 청원기도에 지쳤기 때문이다. 그래서 호랑이의 감사기도를 귀하게 받아들였다는 우화다.

재밌는 이야기이긴 하지만 실제로 감사하기는 우리의 삶을 풍요롭게 만드는 확실한 방법이다. 감사함으로써 더 행복해진다는 사실을 잊지 말자.

자꾸 감사하면 정말로 감사할 일이 생긴다. 감사 내용을 적는 순간 행복이 시작된다. 바쁜 일상에서 잠시 짬을 내어 매일 감사할 일 몇 가지를 적어 보는 습관, 이것이 참된 행복을 찾는 길이다. 감사 노트에 감사 일기, 감사를 부르는 명언 읽고 쓰기, 한 줄 감사 내용 적기를 실천해 보자.

성공 시크릿

·

·

화려한 이력을 가진 미국 방송인, 유명한 토크쇼 사회자이자 저술가, 배우, 강연자로 알려진 오프라 윈프리(Oprah Winfrey)는 시골 미시시피 주에서 사생아로 태어났다. 9살에 사촌 오빠로부터 성폭행을 당했고, 14살에 미혼모가 되었으며, 마약 복용으로 감옥 생활을 했고, 비만과 우울증 등으로 자살까지 시도했다. 하지만 현재 그녀는 미국을 대표하는 방송인이며 영향력 있는 강연자다. 그녀에게 성공 비결을 물었다.

"당신은 어떻게 성공할 수 있었습니까?"

그녀의 대답은 간단했다.

"나는 하루도 빠짐없이 이렇게 말했습니다. '감사합니다', '고맙습니다', '나는 진짜 복 받은 사람입니다', '나를 사랑합니다'."

오프라 윈프리는 가난과 차별을 딛고 세계에서 가장 영향력 있는 방송인 중 한 사람으로 자리 잡았다. "모든 일에는 이유가 있다"라는 그녀의 신념은, 어려움 속에서도 의미를 찾고 성장하려는 많은 사람들에게 깊은 울림을 준다.

　그녀의 성공 시크릿을 활용해 보자. 다음은 우리가 해 볼 일상의 [실천 과제]다.

　자신에게 날마다 격려의 말을 들려주되, 한 번에 10번씩 반복한다. 이를테면 '사랑한다', '나는 멋진 사람이다', '나는 참 매력적이다', '난 오늘도 건강하다', '오늘도 수고 많았다', '잘했다', '괜찮아!'라고 말이다.

　오늘부터 우리도 실천해 보자.

거짓말은 하지 마

．

．

말은 인격의 척도다. 말의 수준은 곧 사회의 수준이다. 유대인의 〈탈무드〉에 "남의 입에서 나오는 말보다 자기 입에서 나오는 말을 잘 들어라"라는 말이 있다.

우리가 어렸을 때 부모님께 가장 많이 듣던 말도 "거짓말은 절대 하지 마"였을 것이다. 독일의 히틀러(Adolf Hitler)는 1933년에서 1945년까지 유대인 1,100만 명을 죽였는데 어떻게 죽였나 보았더니 그 또한 한마디로 '거짓말'이었다.

안창호 선생은 거짓말을 게으름처럼 없애야 할 악습 중의 하나라고 말했다. 모로코 속담에도 '말이 있기에 사람이 짐승보다 낫지만 나쁜 말을 하는 이는 짐승보다 못하다'라고 했다.

나도 모르게 거짓말을 하다 보면 나중에는 걷잡을 수 없이 일이 커진다. 거짓말은 결국 나에게 돌아와 상처를 입힌다. 누구도 내 말을 믿어 주지 않게 된다.

쿠션 언어 쓰기

＊

＊

　속담에 '친절한 말 한마디가 3개월간의 겨울을 따스하게 해 준
다'는 말이 있듯이 친절한 말 한마디는 우리 삶을 쿠션처럼 포근하
게 감싸안아 준다.

　이러한 언어를 듣다 보면 얼른 그 쿠션에 기대고 싶다. 부드럽그
편안하게 살포시 나를 끌어당긴다. 언어에도 듣는 이를 포근하그
편안하게 만들어 주는 쿠션 언어가 있다.

　다음의 언어가 사람의 마음을 녹여 주고 누그러뜨리는 쿠션 언
어다.

　'번거롭겠지만', '실례합니다', '좋아요', '죄송합니다만', '덕분입니
다', '신세 많이 졌습니다', '감사합니다', '고맙습니다', '사랑합니다',
'잘됐습니다', '멋지세요', '감사함으로 부탁드립니다', '미안합니다',
'해 보겠습니다', '최고입니다' 등.

　쿠션 언어는 상처를 주지 않으며 무례하지 않다. 살포시 기대그
싶게 만들고 말하는 이까지 듣는 이가 끌어안게 된다. 쿠션 언어에
능한 사람 주변에는 사람들이 모여들게 되어 있다.

운명이 되는 말

당신, 참 좋다

프란츠 데프레거의 '이야기꾼' 그림 속 할머니는
아이들에게 귀한 가르침과 감사를 전하고 있다.
어른이 주는 감사와 훌륭한 가르침은 어린아이들의
인생 전체에 걸쳐서 소중한 삶의 지침이 된다.

프란츠 데프레거, <이야기꾼>, 1871년

수다쟁이

.

.

소크라테스(Socrates)는 당시 말을 잘하는 논변술의 대가였다. 그는 변론할 때 말이 길어지지 않도록 물시계(클렙시드라)를 놓고 시간을 6분으로 제한했다. 대부분의 소피스트(기원전 5세기부터 기원전 4세기까지 그리스를 중심으로 활동했던 철학 사상가이자 교사들)들도 그 시간 안에 기승전결을 갖춰 말하였다.

많은 사람들이 소피스트들에게 말하는 방법을 배우기도 했다. 하지만 소크라테스는 말을 배워서 잘하기보다는 자신을 성찰하는 자세가 중요함을 강조했다. 소크라테스는 소피스트들의 장광설이 아닌 산파술을 택했다. 산파술은 상대방에게 계속해서 질문하고 대답을 하도록 유도함으로써 탁월함의 실체에 도달하도록 돕는 문답법이다.

나는 철학자 소크라테스를 만나기 전에는 기회가 있을 때마다 내 말만 하였고 비난하기에 급급했다. 질책하기를 즐겼다. 하지만 다음의 이야기를 접하고 잘 들어 주는 말꾼이 되려고 노력했다.

한 젊은이가 당대의 위대한 철학자 소크라테스에게 연설과 웅변술을 배우기 위해 찾아갔다. 젊은이는 소크라테스 앞에서 자신을 소개하는 순간부터 많은 말을 했다. 마침내 스크라테스는 "여보게 젊은이! 자네에게는 수업료를 갑절로 받아야 하겠네"라고 말했다

"수업료가 두 배라고요? 대체 왜죠?"

"왜냐하면 자네에게는 말하는 방법과 함께 먼저 말을 자제하는 방법을 가르쳐야 하기 때문일세"라고 얘기했다.

말 잘하는 법은 어렵지 않다.

상대방의 말을 잘 들어 주는 것이 말을 잘하는 것이다. 아라비아 속담에 '듣고 있으면 내가 이득을 얻고, 말하고 있으면 남이 이득을 얻는다'고 하였다. 논어의 '이청득심(以聽得心)'은 '귀 기울여 경청하는 일은 사람의 마음을 얻는 최고의 지혜'라는 말이다.

여러 번 읽고 쓰며, 그 의미를 가슴에 새긴다.

더 깊은 말

.

.

결혼생활 전문가인 게리 채프먼(Gary Chapman)은 만국 공통어인 5가지 사랑의 언어, '인정해 주는 말', '함께 하는 시간', '접촉(스킨십)', '선물', '봉사'를 실천하며 산다. 이는 정말 놀라운 언어다. 이사랑의 언어를 일상에서 실천해 보아라. 묘한 매력이 작동한다. 반드시 실천해야 이 5가지 사랑의 언어의 효과를 볼 수 있다.

우리가 타인에게 줄 수 있는 최대의 선물은 공감과 위로다. 사랑의 언어를 활용하면 가슴과 가슴을 통해서 더 깊은 말이 전해진다. 정성껏 연습하고 준비하여 실천해 보자.

솔직히 나도 지금 누가 나를 포근히 안아 주고 따듯한 위로를 건네 주었으면 좋겠다. 나도 적극적으로 누군가에게 따듯한 사랑의말을 전하는 사람이 되겠다고 또 다짐한다. 곧바로 실천하겠다.

디딤돌

*

*

집 앞 공원을 가려면 필히 디딤돌의 도움을 받아 딛고 건너야 한다. 전날 비가 내리면 디딤돌을 딛고 건널 수 없을 만큼 물이 올타 한참을 돌아가야 한다. 그래서 나는 디딤돌을 디딜 때마다 고맙다는 말을 나눈다. '디딤돌아 고마워, 잊지 않을게!'

한때 좋았던 관계가 어느 순간 무너지는 것도 결국은 언어습관 때문이다.

「골빈 놈들 / ~할 새끼들 / 제까짓 게 뭐라고 / 구제불능 / 정서블 안이야 / 미쳤어 / 어디가 좀 아픈 거 아니야? / 말 대가리 / 돼지 같아 / 곰 같은 놈 / 바보 꼴통들 …」

이런 표현들은 관계의 걸림돌이다.
나의 간절한 바람은, 이 책을 읽는 우리들만이라도 세상에 걸림돌이 되기보단 요긴한 디딤돌이 되자는 것이다.

언어 실험

‧

‧

  우리가 습관적으로 사용하는 말 한마디가 가족, 친구, 동료들에게 얼마나 엄청난 영향을 미치는지 모른다. 하지만 가장 큰 영향을 받는 사람은 누구보다도 그 말을 내뱉는 자신일 것이다. "오늘 수고했어", "사랑한다"라는 말 한마디가 바로 우리 모두의 건강을 위한 가장 저렴하고도 귀중한 처방이 아닐까?

  많이 알려진 언어 실험 이야기다.

  쌀밥을 두 용기에 담고 한쪽에는 "감사합니다", "사랑해요", "예뻐요", "냄새가 좋아요", "건강에 좋은 밥이네요"처럼 긍정적인 말을 들려주었다. 다른 한쪽에는 "짜증 나", "미워", "싫어", "아, 최악이다"처럼 부정적인 말을 4주 동안 들려준 결과, 양쪽은 확연한 차이를 보였다.

  놀랍게도 "감사합니다" 등 긍정의 말을 먹은 용기에서는 고소한 향이 났다. 이는 말이 조화, 화합, 소통의 기운을 실제로 만들어 낸다는 의미이다. 반면 "짜증 나"와 같은 비난과 저주의 말을 먹은 용기에서는 시큼한 냄새가 났다. 이는 말이 갈등, 상처, 증오 또한 만들어 낸다는 의미였다.

양파와 식물 실험에서도 동일한 결과가 나왔다. 결국 '감사해'와 '짜증 나'가 싸우면 언제나 '감사해'가 이긴다. 긍정의 감사가 진정한 행복을 만들어 낸다는 사실을 알 수 있었다.

이처럼 절대 긍정, 감사의 말은 긍정의 파동과 밝은 에너지를 전해 준다. 쌀밥도 말 한마디에 따라 이렇게 큰 차이를 보이는데 사람에게 주는 영향은 어떠할까? 곧 만날 사람에게 감사의 말을 시험해 보자. 분명 기적의 결과를 만들 것이다.

언어 환경

．

．

    선생님과 부모의 말 한마디가 아이의 미래에 큰 영향을 끼친다는 사실은 흔히 들어 알고 있을 것이다. 이를테면 "그것도 못해?", "네가 그렇지 뭐!", "잘~ 한다" 등의 부정적인 언어를 듣고 자란 아이와 "너는 가장 소중한 아이야", "잘했다", "장하다", "잘 해낼 줄 알았어", "네 곁에서 항상 응원할게" 등의 말을 듣고 자란 아이의 미래는 확연히 다르다.

    미국의 한 교도소에서 재소자들을 대상으로 어린 시절의 환경이 미치는 영향에 대해 조사한 연구결과가 있다. 재소자들은 공통적으로 어릴 때부터 부모에게 욕설과 부정적인 말들을 들었다고 한다. 그중 가장 많이 들었다는 말들은 "한심한 놈", "넌 역시 안돼", "쓸모없는 놈", "커서 감옥에나 갈 거야!", "네 인생이니 알아서 해", "멍청이!"라는 충격적인 말들이었다. 물론 개인의 의지에 따른 차이는 있겠지만 어린 시절에 들은 언어들은 아이의 미래에 큰 영향을 끼친다. 그것만은 분명한 사실이다.

단어의 힘

.

.

하루 말수를 세어 보니 맞는 것 같다. 여성은 하루에 많게는 2만 5천 마디를 사용하고 남성은 1만 5천 마디의 언어를 사용한다고 한다. 하루에도 수천수만 마디를 말하고 듣게 되므로 긍정적으로 말해야 몸과 정신이 건강해진다. 긍정적인 언어습관은 신체 건강과 수명, 그리고 행복과 풍요로운 삶에도 막대한 영향을 미친다.

언어생활에서 우리에게 영향을 끼치는 것은 문장보다 단어다. 우리는 단어에 의해 반응한다. 그래서 먹히는 소통을 하려면 단어를 잘 고르는 능력이 필요하다. 나는 말하기, 글쓰기 관련 강연 시 어휘력을 키우는 일을 제일 강조한다.

예일 대학교 사회심리학과 존 바그(John Bargh) 교수의 연구에 의하면 우리 뇌는 특정 단어를 말할 때 이미 그 단어와 관련된 뇌 부위가 활성화된다고 한다. 예를 들어 '행복해', '할 수 있다', '사랑해', '보기 좋습니다', '감사해요'라는 동사를 읽는 순간, 이미 두뇌는 해당 단어와 관련된 움직임을 명령할 수 있도록 신체를 준비시킨다. 그러므로 평소 어떤 단어를 사용하는가에 따라 여러분의 디래도 분명히 달라질 수 있다.

'설레다', '환대', '용서해', '부드럽다', '좋아해요'라는 단어를 읽을 때 우리 두뇌는 말한 단어대로 신체가 상대를 좋아하는 상황과 똑같은 분위기로 활성화되기 시작한다. 즉, 특정한 단어를 읽거나 듣거나 말할 때 우리 뇌는 이미 말한 단어대로 행동할 수 있도록 신체에 명령을 내리는 것이다. 단어는 이토록 중요하다. **문장에 앞서 단어다.**

입맞춤

．

．

입맞춤에는 말이 필요 없다.

당신의 말 높임, 깍듯한 말씨, 달콤한 언어는 상대의 마음에 걸
터앉게 된다. 같은 높이의 입술에서 새어 나온 따뜻하고 친밀한 언
어는 미묘한 어감으로 다시 서로의 입술로 와서 묘한 흥분의 언어,
따뜻하게 품는 체온의 입맞춤이 된다.

입맞춤에는 별다른 말이 필요 없다.

사랑의 언어이기 때문이다.

신탁

·

·

무가공의 언어들은 어떤 힘에 떠밀리어 말하여지지 않고 스스로 작동하여 움직인다. 그런데 왜 우린 이토록 상쾌한 언어를 그토록 꽁꽁 싸매고 살아왔던 걸까. 이 무가공의 언어들은 고운 생각들에서 나온다. 고운 생각들은 빛이 되어 세상을 멋있고 따뜻하게 만들어 준다.

무가공의 말은 공기 중에서 사라지는 것이 아니라, 어딘가 합당한 존재에 묻혀 보태진다. 세상을 멋있고 따뜻하게, 사람을 사람답게 해 주기 위해 살포시 스며든다. 그래서 고대인들은 말에 특별한 지위를 부여했고, 말에 신성한 힘이 담겨 있다고 여겼다. 고대 부족의 제사장은 동시에 의사이기도 했으며, 의사로서의 제사장이 병을 치료하는 데 썼던 도구가 바로 말이었다. **말을 신이 내려 준 신탁(神柝)이라고 믿었다.**

사실 말은 신이 인간에게 내려 준 최고의 선물이었다.

난, 내가 좋다!

*

*

우리가 가장 피해야 할 말이 "이런 내가 정말 싫어!"이다. 자기 자신을 먼저 알아줘야 한다. 자신을 찬양해 줘라. 어느 정도는 공주병, 왕자병에 걸려도 좋다. 자뻑이라도 좋다. 나를 위한 말 가운데 최고의 말은 "난, 내가 좋다"이다. 하루 100번이라도 말해 주어라. 확언하건대 이로 인해 사람들이 나를 좋아하게 된다.

독자에게 주어진 과제다. 내 안에서 매력으로 발효되는 지점들을 찾아 "난, 내가 좋다!"라고 100번씩 말해 주기다. 확인할 예정이니 꼭 실천해 주길 바란다. ㅎㅎ

"난, 내가 좋다."
"정말, 내가 좋다."
"나는 나를 사랑한다."

Dear

·

·

왜 사람들은 세상에서 가장 아름다운 말을 상대가 죽고 난 후에야 하는 것일까? 평소에 담아 두고 표현하고 싶었던 가장 아름다운 말을 가족과 주변 사람들에게 표현하도록 돕고 싶다.

다음은 네덜란드 상조회사 델라(DELA)의 광고 문구다.
"사랑하는 사람이 죽기 전에 당신의 마음을 고백하세요."

Dear. 아빠_
아빠는 이 세상에서 최고다.

Dear. 아들_
내가 가장 사랑한단다.

신의 라인

·

·

어떤 러시아 학자는 행복을 한마디로 '가려움'이라 정의한다. 가려움이 신의 영역인 것은 이를 조절할 시원함과 따가움 사이의 경계가 매우 세밀해서다. 우리는 가려우면 긁게 된다. 그런데 되는 대로 마구 긁지 않는다. 가장 시원할 때 멈춰야 한다. 더 긁으면 상처가 생기고 피가 난다. 가장 시원할 때와 고통이 시작될 때의 그 지점. 인간이 가장 시원해할 때 신은 말한다. "됐다. 거기서 멈춰라." 인간은 말한다. "설마요." 조금만 더 데드라인을 넘어서면 아프고 상처가 생기며 피가 난다. 하지만 우린 만족할 줄 모르고 시원함을 넘어서까지 긁고 또 긁는다. 결국 상처가 생기고 피가 난다.

이처럼 우리의 언어가 신의 라인에 도달할 때, 가장 시원할 때, 멈춰야 한다. 신의 경계를 넘어서면 안 된다. 그 너머로 가면 피가 흐르고 상처가 남는다.

신의 경계 라인에서 멈출 줄 아는 지혜로운 행복을 부르는 언어 센스를 발휘해 보자.

당신, 참 좋다

.

.

아주 오래전, 구입해서 단숨에 읽은 책이 있다. '당신, 참 좋다'라는 표현에 확 끌렸었다. 정말 그때 그 글귀 한마디가 내 마음에 큰 보물이 되었기에 기꺼운 마음으로 나누려고 한다. 먼지 하나 묻히지 않고 잘 보관하였다가 꼭 필요한 사람들에게 지금 들려주려고 한다. 불쑥 찾아가 바라보며 말하련다.

"당신, 참 좋다."

여기서 '당신,'이라 말한 뒤 잠깐의 쉼표(,)에서 멈추고 상대의 눈을 바라본다. 그 눈으로 먼저 말해야 한다. 숨소리를 들어야 한다.

'당신, 참 좋다.' 우린 이 단순한 말 하나를 에두르느라 얼마나 많은 말들을 쏟아 내는지 모른다. '당신, 참 좋다'는 말보다 더 위력적인 말이 또 있을까? 우리 이제 이 말을 순정한 첫 언어로 나누자. 놀라운 행복함과 형언할 수 없는 따듯함이 이 말 뒤에 따라온다.

이제 우리 힘겨울 때, 인생의 길을 잃고 지쳤을 때, 지금 우리가 지은 입술의 기억을 흉내 내서, 먼저 나 자신에게 "당신, 참 좋다"라고 중얼거려 보자. 눈을 지그시 감고, 아주 많이 나누자.

이렇게.

"당신, 참 좋다."

"당신, 참 좋다. 많이."

"정말, 좋다."

이번에는 앞에 있는 타인에게도 말해 보자.

"당신, 참 좋다."

매끼 잘 먹기

·

·

좋아서 여러 번 전하는데, 미국의 사상가 마크 트웨인은 "멋진 칭찬을 들으면 그만으로도 두 달을 살 수 있다"고 말했다.

칭찬은 꼭 타인에게서 들어야 하는 말이 아니다. 최고의 칭찬은 스스로 하는 칭찬이고, 다음이 타인의 칭찬이다. 교육경쟁력 1위 나라인 핀란드에서는 "잘 했어", "아주 잘 했어", "아주아주 잘 했어!"라는 칭찬만으로 바보도 천재가 될 수 있다고 믿는다. 우리도 칭찬을 아끼지 말아야 한다.

"오늘 먹을 칭찬을 내일로 미루지 말라. 칭찬은 간식이 아니라 매일 매끼 먹어야 할 주식이다."

노는 입으로 칭찬을 하다 보면 정말 좋은 일이 일어난다. 왜냐하면 칭찬은 인류 역사상 가장 오래된 스승이요, 가장 탁월한 교육 방법이기 때문이다.

말 공장

*

*

입으로 나오는 것들은 그게 마음에 가득해서다. 그래서 화난 마음에서는 성난 언사가 나온다. 싫고 밉기에 욕이 나오는 것이다. 하지만 희망으로 가득한 마음에서는 감사함과 고마움만 말한다.

당연히 용기 있는 마음으로부터는 담대한 말이 나온다. 마음에 가득한 것이 입으로 나온다. 그러므로 마음은 '말 공장'이다.

마음으로부터 나오는 말을 입을 통해 꺼내고 행동하게 된다. 다음에서 나온 것들이 나쁘면 우리 얼굴이 찌푸려지고 눈을 돌리게 된다. 그러니까 마음에 품은 감정이 우리의 언어로 스며든다. 그러므로 평상시 마음에서부터 **활짝** 웃고 행복해야 한다.

먼저 스위치

.

.

종종 나는 반가운 데도 불구하고 무뚝뚝한 목소리로 전화를 받거나 대화를 한다. 반가움으로 마음을 꺼내어 말하려고 하는데, 뭔가가 그걸 막는다. 진짜로 마음은 반가워 기쁜데, 혀는 심술쟁이처럼 굳어져 목에서 말줄임표들이 요동친다.

그래서 나는 냉탕과 온탕처럼 순간순간 감정의 온도차를 바꾸는 스위치를 찾아냈다. 바로 '먼저 스위치'다. '먼저' 사랑의 마음으로, '먼저' 미소를 짓고, '먼저' 환대하며 맞이하는 것이다.

이 '먼저 스위치'가 작동하면 무뚝뚝한 가짜 감정이 아닌 진짜 언어인 "보고 싶었어요", "식사는 맛있게 하셨어요?", "당신이 참 좋습니다", "미안해요", "감사합니다", "안녕하세요", "반가워요"라고 먼저 인사하게 된다. 나부터 먼저 스위치를 켜자.

철학자 소크라테스가 말했던 "너 자신을 알라"는 '너는 엄청난 가능성을 지닌 존재라는 것을 알라'는 의미이다. 말은 스위치와 같다. 이렇게 켜진 말은 내 안의 무한한 가능성이 작동하도록 전류가 되어 흘러간다. 마치 스위치를 켜면 꺼져 있던 전구가 켜지듯이 말이다.

향긋해

．

．

나는 커피를 꽤나 좋아한다. 하루 세 잔 이상 마시는 편이다. 커피를 마실 때면 묘한 향에 이끌린다. 이 책도 향긋한 커피의 맛과 향으로 독자들에게 전달되었으면 좋겠다.

사람들에게는 각자 고유한 냄새가 있다. 당신에게도 냄새가 있다. 어떤 냄새인지는 지금 알 수 없지만, 코끝으로 느껴지는 그 냄새, 바로 당신 언어의 향기이다. 냄새 하나로도 당신을 온전히 기억한다. 코끝을 툭 치는 그 냄새는, 당신의 생각에 뿌리를 두고 있다. 사용하는 낱말의 내음, 감정에서 돋아나는 냄새, 그리고 나를 바라보는 눈빛에서 나오는 냄새. 그 모든 것들이 어우러져 한 사람의 향기를 이루지 않을까 생각한다.

철학자 헤겔(Hegel)은 말했다. "마음 문의 손잡이는 안쪽에만 달려 있다."

이제 예쁜 꽃을 고르듯 곱고 향긋한 언어들을 내 안에서 골라

보자. 안쪽에 있는 마음의 문손잡이를 살포시 여는 그 언어의 향기.

"당신은 생각할수록 사람이 괜찮아요."

"멋진 생각을 자꾸 하게 만들어요"

"참, 좋아해요."

이런 말은 어쩐지 더욱 향긋하다.

우리네 사이에도 향긋한 향이 더 많이 흘렀으면 좋겠다.

참 좋다. 당신!

보고 싶었다. 많이.

감사 표현

*

*

우리가 가장 잘 못하는 말 중의 하나가 "감사합니다"라는 달이
다. 사실 말을 잘한다는 것은 그 자체로 감사의 표현을 잘한다는
의미이기도 하다. 감사 표현이란 '감사하여 기뻐하는 마음을 표현
한다'라는 뜻이다. 그러므로 최고의 언어 능력은 능숙하고 적절하
게 감사의 말을 나누는 능력이다.

행복을 만드는 재료가 무엇일까? 이 또한 감사다. 나아가 감사는
아름다운 관계를 만들고 기적을 창조하는 재료다. 우리 주변의 관
계를 원만하고 좋은 방향으로 인도해 준다. 즉, 성숙한 인간관계를
연결시켜 주는 다리이다. 반면 감사 표현이 서툴면 연결 다리가 쉽
게 끊어지고 사람 사이가 벽에 가로막히게 된다. 행복함을 누리는
사람들이 감사 표현에 능한 사람들인 이유다.

주변을 보면 많은 사람들에게 이미 감사 언어가 결핍된 것 같다.
다른 사람에게 무언가를 물어보거나 부탁할 때는 으레 "미안합
니다만…", "죄송합니다만…", "실례합니다만 ··"이라는 양해의 달

을 서두에 꼭 붙여야 한다. 그리고 마지막엔 반드시 "감사합니다"라는 인사말도 해야 한다. 기억하자. 공손한 인사말을 서두에 꺼내고, 그다음 용건을 말하는 말의 기본 습관은 여러분을 교양 있는 사람으로 대접받게 해 준다는 사실을 말이다.

그런데도 여전히 많은 사람들이 감사 표현을 잘 못한다. 고마움을 알면서도 마음속에 묻어 두면 무감각해져서 어떤 고마운 배려와 나눔을 받아도 당연한 일로 지나쳐 버리게 된다. 나의 마음도 적절한 답을 듣지 못한다.

혹시 나도 상대가 베풀어 준 호의를 쉽게 생각하여 감사표현을 하지 않았던 적은 없는가?

감사의 표현은 반드시 반복적인 훈련을 통해 습관화되어야 한다. 감사표현은 가장 아름다운 말이다. 그리고 기적을 만든다. 여러분도 "감사합니다"란 말을 통해 기적을 체험하기를 기대한다.

감동 인사

❋

❋

    대부분의 사람은 다른 사람에게 선물을 받으면 "감사합니다"라고 인사한다. 그런데 더 호감 가는 사람이 되기 위해서는 감사 인사를 뛰어넘는 감동 인사를 나눠야 한다.

※ 상황 - 동료 회사원으로부터 여행 선물도 초콜릿을 받았다.

- **동료 A** : "고마운데, 뭐야? 아, 초콜릿이네?"
- **동료 B** : "안 그래도 요즘 초콜릿 먹고 싶었는데, 정말 고마워!'
      "와, 수입 초콜릿이네, 좋은 건데! 딸이 좋아하겠다"

어느 쪽이 큰 감동의 울림을 주는가?
감동 인사에 능한 사람이 되자.

감사 실천

.

.

다음의 표현 중 어느 것이 더 감사한 마음을 담은 공손한 말일까? 오랜 거래처에 전화를 걸었다고 가정하고 체크해 보라.

- **A 표현** : "박 과장 좀 바꿔 봐."
- **B 표현** : "번거롭게 해서 미안해요. 영업부 박길동 과장님 좀 바꿔 주실래요?"

어느 것이 더욱 부드러운 인간관계를 맺게 해 줄까?

이처럼 공손한 말과 감사 표현은 사람과 사람 사이에 부드러운 관계를 맺게 해 주는 역할을 한다. 감사 표현을 잘 못하는 사람은 타인과 관계가 어색해질 수 있다.

회사에서 맡은 일을 잘 처리하지 못했을 때, 핑계의 말보다 사과의 말을 먼저 해야 한다. 죄송하다는 말보다, 이를테면 "감사합니다, 제가 이 일이 처음이라서 제대로 못했습니다. 많이 배웠습니다"라든가 "감사합니다. 과장님께서 알려 주신 대로 다시 처리하겠습니다. 이번에는 실수하지 않겠습니다"라고 말한다.

하루 한 가지씩 실천하는 감사는 우리의 삶을 풍요롭게 만들 뿐만 아니라 함께 관계를 맺는 사람들에게도 행복과 성과를 가져다 준다. 오늘부터 감사의 마음을 갖고 하루 한 가지씩 감사를 실천하자. 매일 감사의 한 자락이라도 펼쳐 보련다.

다음은 [생각 나눔] 시간이다.

각자 감사가 나와 어떠한 관계를 맺고 있는지 생각해 보고 정리하여 써 보자. 그래서 일상의 감사 표현에 능숙한 사람이 되자.

◆ 내가 입에 달고 사는 감사 표현 적기

실생활에 감사 적용하기

.

.

- 긍정적인 말

"자네의 판매 실적은 우리 회사에서 최고일걸세!"

- 부정적인 말

"자네는 애당초 영업에 소질이 없네."

- 확신을 주는 말

"여보, 당신은 생각이 깊으니, 당신이 결정한 일이라면 무엇이
든지 찬성해요."

- 기를 죽이는 말

"당신은 평생 이 문제로 고심할 거야."

- 부부간에 의견이 맞지 않을 때

"그래, 당신 말도 일리가 있어. 이해는 돼. 그런데 말이야."

"당신의 판단도 맞는 것 같아. 현명해. 하지만 내 생각도 한 번

들어 주면 어떨까?"

- **고부간에 갈등이 생겼을 때**

"어머니, 제가 아내에게 얘기해 볼게요. 기분 가라앉히세요."

"당신 많이 속상했지? 내가 기회 봐서 어머니께 당신의 생각을 얘기해 볼게!"

- **가족과 한 약속을 지키지 못하게 되었을 때**

"여보, 중요한 일이 생겨서 약속을 지키지 못할 것 같아. 미안해, 나도 약속을 지키지 못하게 돼서 너무 속상해. 다음에 우리 이렇게 하면 어떨까?"

일상에서 실제로 적용해 보고 그 결과와 기분을 말해 보자. 다듯한 말이 어떻게 작용하였는지 알고 싶다.

고미용 감사축

．

．

　프랑스의 천재적인 수학자이며 물리학자이고 신학자였던 블레즈 파스칼(Blaise Pascal)은 말했다. **"따뜻한 말들에는 비용이 들지 않지만 많은 것을 이루게 해 준다."**

　우리가 일상생활에서 가장 많이 써야 할 말은 어떤 말인가? 힐링과 기적을 일으킬 방법은 무엇일까?

　이 물음에 대한 답은 의외로 쉽다. 바로 '고미용 감사축'을 입에 달고 사는 것이다. '고맙습니다', '미안합니다', '용서합니다', '감사합니다', '사랑합니다', '축하드립니다'의 앞 글자를 딴 것인데, 성공을 부르는 입버릇이다.

　이 '고미용 감사축'은 무심코 써도 위력적이어서 인생에 큰 영향력을 끼친다. '고미용 감사축'은 기적을 만드는 언어다.

입버릇과 말씨

　·

　·

　좋은 입버릇은 성공을 부르는 환경을 가져다준다.

　오늘 지금보다 더 좋은 입버릇으로 말하기 시작한다면 인생이 완전히 달라질 것이다. **사람은 자신이 내뱉는 말과 똑같은 인생을 살아가게 된다.** 이를테면, '왜 이렇게 손님이 안 와?', '돈이 없고 힘들어', '진급이 안 돼', '국가가 경제적으로 힘드니 나까지 함께 죽겠네', '운이 없어', '틀렸어' 같은 말들을 계속하는 사람은 말 그대로의 삶을 살게 된다.

　긍정적인 사고는 긍정적인 말을 만들고 삶도 긍정적으로 바꾸어준다. 인생은 말하는 대로 만들어지기에 좋은 입버릇은 성공을 브르는 힘이다. 이 입버릇은 말씨가 되고, **말씨가 자라면 인생이 된다.**

　'말에 영혼이 깃든다', '말이 씨가 된다'는 속담은 모두 말의 의대한 능력을 강조한다. 만약 당신이 건강하길 원하면 '나는 건강하다'라고 말하면 된다. 행복해지고 싶다면 '나는 참 행복한 사람디다', '나는 잘 살고 있다'를 입에 달고 살면 돈다. 말은 씨앗이기에 심은 대로 거둔다. 입에서 뱉어진 말씨는 그대로 자라난다.

깊은 풍요의식

.

.

말에는 강력한 힘이 있어 원하는 상황을 창조한다. 예를 들자면 "나는 점점 젊어진다", "내 피부는 여전히 곱고 깨끗하다", "나는 매일 에너지가 넘친다", "나는 건강하고 행복하다", "우리 회사의 매출은 오를 것이다" 등등.

즐거운 삶은 긍정 감정을 경험한 만큼 얻을 수 있다. 반면 모든 부정적인 생각이나 감정은 좋은 것이 당신에게 오지 못하도록 막는다. 그러므로 결핍이 아니라 풍요를 더 많이 생각하자. 잘될 것을, 성공을, 행복을, 좋은 것을 가슴 깊이 품어 보자.

빚 없는 사람이 있겠는가, 빚 대신 풍요에 집중하라. 번영을 원한다면 번영에 집중하고, 돈을 원한다면 돈이 가득한 통장을 상상하라. 긍정을 품어라. '좋다, 된다, 하자, 잘될 거야, 건강하다, 행복하다, 좋다.' 수시로 풍요를 주변과 나누자.

"그래, 내년에는 수입이 두 배가 될 거야! 가능해!", "항상 통장에 잔고가 잔뜩 들어 있을 거야!", "열심히 했으니 진급할 거야!", "새로 창업한 가게가 대박 날 거야!", "기도하고 최선을 다했으니 잘될 거야!", "OK!"

설령 불황이나 적자를 겪더라도 역시 긍정의 마음가짐을 갖는다. 기억하라, **성공은 외부가 아니라 내면에서 시작된다.** 그러니 깊은 풍요의식을 갖고 살라. 부정적인 감정이 쌓이면 풍요가 들어오지 못한다. 정말로 풍요를 원한다면 먼저 내면의 기쁨, 평화, 비전을 세워 두어야 한다. 그 풍요의 열쇠는 '생각'과 '감정'이다. 절대로 외적인 것들은 진실된 풍요를 가져다주지 못한다. 내면의 풍요로운 생각을 행동으로 옮길 때, 강력한 풍요로움이 발생한다.

오늘부터 결핍이 아니라 풍요의식을 누려라.

성공의 말투

말의 품격, 그 사람

말을
잘하려면
품격이
필요하다.

격려자

.

.

 다시 책 보기 붐이 일어나 씨앗이 싹을 틔우듯 긍정이 발아되는 좋은 일들이 가득했으면 한다. 이 책이 그 발아를 시키는 데 중요한 몫을 해내기를 바란다. 책 보기를 즐기는 분들께 모두 지혜가 생겨 하는 일마다 잘되는 축복이 임하기를 기원한다.

 파블로 피카소(Pablo Picasso)는 후기 인상파 화가 폴 세잔(Paul Cézanne)을 두고 "나의 유일한 스승, 세잔은 우리 모두에게 있어 아버지와 같은 존재였다"라고 말했다. 그러한 세잔이 있기까지 평생을 곁에서 지켜보며 꿈을 독려해 준 친구가 있는데, 바로 작가 에밀 졸라(Émile Zola)였다. 서로의 한결같은 격려와 우정, 때로 조언은 그들을 좋은 화가와 작가로 성장하게 해 주었다.

 지금 곁에 격려와 조언, 성공 목표를 독려해 주는 우정의 친구가 있는가? 여러분은 얼마나 자주 격려와 성장의 쓴소리를 듣는가?

 나는 당신의 격려자가 되고 싶다. 응원해 주고 싶다. 가까이 다가갈 수 있기를 기도한다. 당신을 격려하고자 함이다.

기분을 밝게 하는 말

정말 잘 어울려!

좋은 일 있었니?

언제나 널 믿는단다.

웃는 얼굴이 최고야!

잘했어!

재미있니?

이것이 네 장점이구나!

잘 참았어.

누구에게나 그런 경우가 있단다.

부드러운 네가 참 좋아.

괜찮아!

너는 소중해.

힘들면 도와줄게.

보석 같은 친구야.

매일 격려하기

격려를 많이 받고 자란 아이들은 매사에 자신감을 보이고 새로운 환경에도 잘 적응한다.

자녀를 격려하고 힘을 불어넣어 줄 때, 더 능률적으로 할 수 있는 방법이 있다. 미국의 가정 사역자인 캐롤 레드의 격려법이다.

먼저 "대단하구나", "와, 정말 잘했어", "최고야" 등의 표현을 사용한다. 격려하는 습관이 서로 몸에 밸 때까지.

격려하는 말을 애용하자. "난 널 믿어!", "다 잘될 거야", "언제든 도움을 요청해!", "네 마음을 이해해", "네가 정말 자랑스러워!", "언제나 응원해!"

한편으로 누군가가 나에게도 이 같은 격려의 말을 매일 해 줬다면 어땠을까?

채근담

·

·

〈채근담〉은 중국 명나라 말기에 문인 홍자성(洪自誠)이 쓴 처세 잠언집으로 359개의 단문으로 구성되어 있다. 나에게 소중한 사람에게 꼭 읽어 주고 싶은 책이 〈채근담〉이다. 그래서 〈채근담〉을 선물할 때면 늘 즐겁다.

채근담을 보면 "한마디의 말이 들어맞지 않으면 천 마디의 말을 더 해도 소용이 없다. 그러기에 중심이 되는 한마디를 삼가서 허야 한다"라고 쓰여 있다. 또, "사나운 말(馬)도 잘 길들이면 명마가 되고, 품질이 나쁜 쇠붙이도 잘 다루면 훌륭한 그릇이 되듯이 사람도 마찬가지다. 타고난 천성이 좋지 않아도 열심히 노력하면 뛰어난 인물이 될 수 있다"라고도 한다.

142장에서는 말 한마디가 헤아릴 수 없는 공덕이 된다고 전한다.

"선비는 가난하여 물질로 남을 구제하지는 못하지만 어리석어 방황하는 사람을 만나면 한마디 말로써 깨닫게 하고, 위급해서 허둥대는 사람을 만났을 때 한마디 말로써 구해 주면 이 역시 헤아릴 수 없는 공덕이 된다."

공감적 말

.

.

지금보다 나은 삶을 살고 싶다면 그에 어울리는 아름다운 어휘를 사용해야 한다. 지금 현재의 모습은 그 사람의 과거 언어습관이 가져온 결과다. 그러므로 오늘부터 절대 무성의한 말을 뱉지 말자.

오래 친하게 지낸 사이라도 약간의 비틀린 말만으로 마음이 크게 상할 수 있다. 사람을 아프게 하는 말이 아닌 기분 좋게 하는 말을 나누어야 한다. '할 수 있다'는 격려보다 효과가 좋은 것은 없다.

나는 시골 농촌에서 자랐고 농사일을 돕느라 책 읽기와 국어 공부를 열심히 하지 못했다. 특히 말 공부를 심도 있게 배워 보지 못했다. 그렇다 보니 말재주가 없었다. 더구나 대중적 스피치를 배울 기회는 더 가져 보지 못했다. 그러다 지금과 같은 '공감 언어'를 알게 되었다.

'공감적 말'은 많은 말을 하지 않으며 절제하고, 불필요한 제스처도 사용하지 않는다. 대신 꼭 필요한 한마디, 진심 어린 비언어로 소통하는 방법인데 이를 체득했다. 말은 되도록 간결하게, 서론-본론-결론의 논리적인 전개를 따를 때 효과적이란 것도 배웠다.

키질

．

．

쌀농사를 짓는 농촌에서 자란 나는 벼, 콩, 깨 등 키질을 많이 해 보았다. 키질을 하면 쭉정이는 날아가고 알맹이만 남는다. 정말 속 이 꽉 찬 알맹이만 남아 있다.

키질하듯 기원한다.

"제가 했던 말들이 키질되어 골라질 때 가장 비싸게 값이 매겨질 말들만 남게 해 주세요."

"병이 낫고 약한 몸이 속히 회복되게 해 주세요."

"이번 프로젝트에 초집중력과 이해력을 부탁드립니다."

나는 책을 준비하면서도 시작의 소망을 담아 간절하게 기도했다.

… 그리고 주어진 것들을 겸허하게 받아들이기로 했다.

실로 키질하여, 우리가 했던 말들이 가려져서 가장 비싸게 값이 매겨질 말들만 해야 한다. 지금 이 시간 사용하는 말이 바로 가장 값진 말이기 때문이다. 가장 값진 말을 나누기 위해 내 마음과 입 술에 키질되어 귀하게 남을 생각들을 가득히 채우고 있는 중이다.

긍정 마인드

.

.

성공하고 행복해지길 원하는가?

그렇다면 먼저 말을 바꿔라. 그러면 생각이 바뀌고, 행동과 습관
이 바뀌며, 인격이 바뀌는 놀라운 경험을 하게 된다.

윤석금 웅진그룹 회장은 〈긍정이 걸작을 만든다〉에서 "나는 긍
정적인 사람으로 마음이 병들지 않도록 할 것이며 남을 미워하거
나 시기, 질투하지 않을 것이다"라며 절대 긍정을 강조했다.

성공학자 나폴레온 힐(Napoleon Hill)은 〈끌어당김〉에서 **성공에
는 긍정 마인드가 필수**라고 말했다. 긍정 마인드가 성공의 힘을 작
동시켜 생각을 현실로 바꿔 준다며 "긍정적인 생각은 우주와 신의
강력한 힘을 작동시킨다"라고 말했다.

긍정적인 말은 성공을 끌어당기는 주문이 된다. '할 수 있다'라
는 긍정 마인드는 자신을 한계에 가두지 않고 지속적으로 시도를
하게 돕는다. 살면서 누구든 포기하고 싶은 순간을 여러 차례 경험
하는데, 그때마다 "할 수 있다"라고 하면 말의 힘이 현실이 된다.

전설적인 복싱 영웅 무하마드 알리(Muhammad Ali)는 무명 선수 시절, 항상 "나는 최고가 될 거야!"라며 외치고 다녔다고 한다. 얼마 후 알리의 말은 실제가 되었다.

〈도전하라 한 번도 실패하지 않은 것처럼〉을 쓴 심리학자 수잔 제퍼스(Susan Jeffers)는 "할 수 없다"는 말은 사람을 무기력하게 만들고 "할 수 있다"라는 말은 힘이 된다고 했다. 작가 마크 피셔(Mark Fisher)는 "말은 인간의 내면과 외부의 환경을 바꾸는 놀라운 힘을 가졌다"고 말했다.

당장 긍정의 말을 매일 사용하자.

여러분 모두 '할 수 있다'는 절대 긍정의 마인드로 큰 성공과 행복을 누리며 정말 살아 볼만한 인생을 가꾸어 가는 데도 보탬이 되기를 바란다.

행동케 할 말

.

.

　점심시간 때 식사 장소로 가는 길이었다. 우연히 한 어르신이 길 가던 젊은이와 다투고 헤어진 뒤 분해하는 장면을 목격하였다. "어르신 무슨 일이세요?"라는 내 물음이 끝나기도 전에 "글쎄, 저 젊은이가 내 어깨를 치고는 죄송하다는 사과도 없잖아!"

　그다음 말은 전하지 않아도 알 수 있을 것이다.

　번잡한 곳에서 쉽게 접하는 일이다. 잘잘못을 떠나, 우리 사회가 사소한 부딪힘 앞에서 사과하고 양해하며 살아갔으면 한다.

　의식하지 못해도 우리의 삶은 매순간 말들로 가득하다. 모든 순간은 말의 영향을 받는다. 말만큼 일상에 큰 영향을 미치는 요소는 없다. 그럼에도 많은 사람이 '말'을 그다지 중요한 요소로 여기지 않는다. 말은, 존재의 목적을 이루기 위한 도구이자 선물이다.

　유대인들은 다음의 말을 삶의 기본 철학으로 삼고 살아간다.

　"의인은 말은 적게 하지만 행동은 많이 한다."

꾼

· · ·

　말 잘하는 게 대수가 아니다. 말 한마디로 천 냥 손해를 입지 않으려면, 신중하게 헤아린 뒤 말을 해야 한다.

　유대인 속담 가운데 '남보다 뛰어나려 하지 말고 남과 다르게 되라'라는 말이 있듯이, 누군가와 비교하지 말라. 특히 험담하고 다투는 사람과는 사뭇 다른 말꾼이 되었으면 한다.

　유대주의에서는 사람이 있는 자리에서 모욕적인 언사를 비추거나 비하하는 일을 용서받기 힘든 죄로 간주한다. 진짜 말꾼이라면 상처를 줄 수 있는 모욕적인 말, 외모를 조롱하는 말은 절대 하지 않아야 한다. 다 알겠지만 사람은 각각 다른 귀한 존재라는 사실을 기억해야 한다.

　그래서 나는 이 책을 읽는 당신 또한 훌륭한 사람이라고 생각한다. 멋진 사람이라고 기대한다. 올해는 함께 꾼이 되어보자. 말꾼 말이다.

0.1초

.

.

이 시대의 가장 큰 질병이 무엇일까?

꼭 암만은 아니다. 참을 수 없는 외로움과 고독, 사랑받지 못하는 일일 수 있다. 관심과 사랑의 마음을 울림의 말로 전달하면 사랑을 주고, 나 또한 받을 수 있다.

그런 의미에서 미국 프린스턴대학 심리학 연구팀에서 내놓은 연구결과는 대단히 놀랍다. 누군가를 처음 만났을 때 상대방을 판단하는 데 드는 시간이 고작해야 0.1초라는 것이다.

우리는 누구나 사회적인 시선 속에서 살아간다. 내가 쌓아 온 나의 태도와 분위기로 만들어진 첫인상이 고작 0.1초만에 판단된다니, 단순히 점잖은 체를 한다고 해서 품격이 갖춰지지 않음도 알아야겠다. 끌리는 매력, 남들이 따르고 신뢰할 만한 인격은 평소에 만들고 가꿔야 한다. 그 사람이 보여주는 인사 태도, 말, 행동, 매너, 표정, 언어, 의상 등이 쌓여 인격이 결정된다. 성품을 빚어라.

0.1초 안에 판단되기 때문이다.

말의 방향

．

．

선택은 그대에게 달렸다.

우리가 내뱉는 모든 말에는 방향이 있다.

이를테면 격려, 희망, 칭찬, 사랑, 평화, 일치, 교훈, 지혜, 교정의 말은 생명으로 향한다. 반면 분노, 악의, 비방. 질투, 험담, 분열. 멸시, 차별, 폭력, 정죄 등의 말은 좌절로 향한다.

그래서 악한 말은 먼저 의심부터 불러오고, 노골적으로 타인을 비방하게 만든다.

유대인들은 부모에게 감사를 표해야 할 의무가 있다고 가르친다. 감사의 마음과 애정, 고마움을 담아 '말'로써 전하라고.

우선 오늘은 가장 가까운 사람인 부모님한테부터 마음을 건네 보자.

'감사하다'고 말씀드려 보자.

아니, '사랑한다'라고.

품성

·

·

사람의 말 속에는 그 사람의 품성이 담겨 있다. 훌륭한 품성을 지닌 사람은 자연스레 아름다운 말을 사용한다. 19세기 영국의 시인 바이런(George Gordon Byron)은 "말은 사상이다. 작은 잉크 방울이 안개처럼 생각을 적시면 거기에서 수백, 수천의 생각이 가지를 치고 나온다"라고 말했다. 미국의 영향력 있는 설교가 앤디 스탠리(Andy Stanley)도 "성품은 말보다 더 크게 말한다"라고 했다.

〈탈무드〉에서는 품성을 다음과 같이 정의한다.

생각을 조심하게나, 생각은 말의 씨가 된다네.
말을 조심하게나, 말은 행동으로 이어진다네.
행동을 조심하게나, 행동은 습관이 될 수 있다네.
습관을 조심하게나, 습관은 품성을 만든다네.
품성을 조심하게나, 품성은 운명을 바꾼다네.

훌륭한 생각이 말이라는 습관이 되면, 그 품성은 운명을 만든다.

최고의 예(禮)

．

．

　일상생활에서 빠질 수 없는 가장 기본적인 요소가 인사다.

　중국 공자가 쓴 〈오경(五經)〉 가운데 '예기(禮記)'에서는 "인사는 술을 만드는 데 있어서 누룩과 같은 것"이라고 했다. 인사가 사람살이에서 없어서는 안 되는 매우 중요한 행위임을 일러 주는 말이다.

　인사는 상대방을 인정하고 존경한다는 표현이다. 동서고금을 닥론하고 사람됨을 평가하는 중요한 척도가 되어 왔다. '예기' 곡례편(曲禮篇)에 보면, "서 있는 사람에게 물건을 줄 때는 앉아서 주지 말아야 하며, 앉아 있는 사람에게는 서서 주지 말아야 한다"라고 가르친다. '예기'에서 말하는 '예(禮, 예도, 예절, 경의)'는 세 가지 면에서 다듬어져야 한다고 적혀 있다. 첫째는 '자세'와 '태도', 둘째는 '단색'이고, 셋째는 경우에 걸맞은 '언어(말)'를 쓸 줄 아는 것이라고 달했다.

　그렇다면 사람들에게 가장 호감을 얻는 사람은 어떤 사람일까?

　사회생활에서 최고의 칭찬 중 하나는 '인사성이 밝다'라는 말일 것이다. 정성껏 나누는 인사말은 일상과 직장에서 만나는 사람들에게 친절을 표현하는 최고의 우아한 품격(品格)이다. 어디에 가고 누구를 만나든, 인사를 잘하는 사람은 늘 환영받고 적을 만들지 않는다. 그리하여 많은 사람에게 호감을 얻는 최고의 인격(人格)은 여전히 '먼저, 자주, 웃는 얼굴로 건네는 인사'다.

나는 기원한다.

당신이 세상에서 가장 우아한 인사에 능한 사람이 되게 해 달라고.

인사말 선수

*

*

유대인들이 만날 때마다 하는 일상적인 인사말은 '평화'를 뜻하는 히브리어 '샬롬(shalom)'이라고 한다. 미국인들이 만날 때마다 하는 인사말은 '감사합니다'를 뜻하는 'Thank you'다.

한국 사람들도 만날 때마다 "잘 될 것입니다", "감사합니다"가 몸에 밴 일상적인 인사말이 되었으면 한다. 그동안 줄기차게 바라던 일들이 진즉 현실이 되어 버릴 것이다.

인사말이 잘 풀려야 큰 수확을 얻는다.

"안녕하세요. 대표님!"

"좋은 아침입니다."

"보고 싶었습니다. 그동안 어떻게 지냈어요."

"좋습니다, 뵙게 되어서요."

"수고하십니다."

밝은 얼굴로 먼저 인사를 건넨다. 그다음 소통은 말하지 않아도 짐작이 갈 것이다.

한번은 먼저 다가가 생각하고 걱정해 주는 말을 건넸다. "힘드시겠네요… 참 고생스러우시겠습니다."

미리 이름을 외워 소중하게 불러 드리기도 한다. "감사한 홍미숙 님, 부탁해요", "1등 김길동 과장님, 고마워요".

가게나 새로운 장소에 들어가면 가장 먼저 건네는 것도 최선의 예쁜 말이다. "수고하십니다."

강의를 시작하는 첫 마디는 "사랑합니다. 그리고 고맙습니다. 귀하고 소중한 여러분을 뵐 수 있는 기회를 주셔서, 정말 행복합니다"라고 말하고 정중히 인사를 건넨다.

좋은 말을 먼저 건네는 인사말 선수가 되라.

30년의 소통

·

·

여기 성공으로 이끄는 매력의 소통 법칙이 있다. 현대사회에서 말을 잘한다는 것은 매우 큰 자산이어서 돈으로도 환산할 수 없는 무형의 가치를 지닌다. 그런데, 말을 잘한다는 것이 꼭 온갖 미사여구를 쏟아내는 달변을 의미하는 것은 아니다. 상대방의 기분을 고려하여 적재적소에 걸맞은 언어 표현을 잘하는 것을 말한다.

말을 잘하는 것은 후천적인 노력으로 얼마든지 가능하다. 나도 말주변이 없고 사람들 앞에 서면 말이 어눌해지는 사람이었다. 발표할 때는 말을 더듬고 불안에 떨었다. 그러다 나는 언젠가부터 성공한 사람들, 최고의 지도자들, 부자들을 연구하기 시작했다. 그들의 공통점은 한결같이 말을 잘한다는 것이었다.

말로 좋은 인간관계를 형성하고, 잘못된 관계를 회복하고, 사람들을 내 편으로 만들고. 그렇게 그들은 성공할 수 있었다.

말은 눈에 보이지 않는 엄청난 자산이었다.

나도 소통 30년, 땀을 흘리며 고되게 훈련했다. 많은 기술을 익히기 위한 끈질긴 노력이 있었기에 달변가로 불릴 수 있었다.

말솜씨

.

.

초한전쟁(楚漢戰爭)은 기원전 206년 진나라 멸망 후 초나라 패왕 항우와 한나라 왕 유방과의 5년에 걸친 전쟁을 말한다.

초나라의 항우는 명문가 출신으로 뛰어난 호걸이었다. 반면 한나라의 유방은 항우의 상대가 되지 못했다. 그런데 훗날 유방이 천하를 통일하고 항우는 비참한 최후를 맞는다. 역사적으로 가장 놀라운 역전 장면 중 하나다. 두 사람의 운명이 역전된 까닭은 과연 무엇일까?

많은 학자가 유방과 항우의 결정적인 차이를 '말솜씨'로 보고 있다. 유방은 수하의 장수들보다 뛰어나지 않았지만 그들 각자의 장점을 정확하게 파악해 일을 맡겼으며, 전적으로 신뢰했다. 반면 항우는 자신의 능력을 과신했으며, 수하의 부하들을 믿지 못했다. 항우의 수하에는 탁월한 장수였던 한신과 최고의 전략가인 범증이 있었는데, 이들은 자신을 신뢰하지 않는 항우에게 불만을 갖고 있었다. 이를 안 유방은 한신과 범증의 능력을 인정해 주었고, 뛰어난 말솜씨로 결국 그들을 자신의 편으로 만들 수 있었다.

고전 읽기

·

·

  '말은 그 사람의 내면의 표현이다'라는 말이 있다. 폭넓은 학습과 수양을 통해 다져진 탄탄한 내면에서 훌륭한 말이 나온다. 사자성어로는 '촌철살인'이라는 말이 있다. '작고 날카로운 쇠붙이로도 사람을 죽일 수 있다'라는 뜻인데 동시에 '짧은 경구로도 사람을 크게 감동시킬 수 있다'라는 뜻이다.

  공자가 편수했다고 전해지는 중국 최초의 역사서 〈춘추좌전〉에는 "군자는 머리를 쓰고 소인은 힘을 쓴다"라는 말이 실려 있다. 평소 고전 속 지혜를 공부하여 그 속에 있는 말들을 적재적소에 활용할 수 있다면 삶을 세우는 결정적인 한마디로 기능할 것이다.

  고전을 읽으면 지혜로운 말을 사용할 줄 알게 되고, 인문학을 깊이 생각하면 품격 있는 언어를 구사하게 된다. 지혜로운 사람이 되도록 부단히 노력하라.

호감을 사는 7가지 언품

·

·

_ 나폴레온 힐

1. 다른 사람에게 관심을 갖고 그들의 장점을 칭찬하는 습관을 기른다.
2. 대화할 때 상대방에게 확신을 줄 수 있는 설득력을 기른다.
3. 자신의 신체 조건과 자신이 하는 일에 어울리는 복장을 갖춘다.
4. 당신이 원하는 성격을 선정하고 그에 맞게 적극적으로 성격을 개조한다.
5. 따듯한 감정과 정열을 표현할 수 있는 인사 기술을 익힌다.
6. 자신의 유일한 한계는 자신의 마음속에서 정해지는 것임을 깨닫는다.
7. 다른 사람에게 호감을 가짐으로써 호감을 갖게 한다.

어투

영국의 시인 겸 성직자 존 던(John Donne)은 '언어의 정확성뿐 아니라 섬세함과 하모니와 멜로디, 고도의 은유와 상징을 사용하곤 기뻐해야 한다. 이것들이 독자들에게 더 큰 감동을 주기 때문이다' 라고 말했다.

언어가 더 빛나기 위해서는, 마치 멋진 음악을 들을 때처럼 모든 억양, 강세, 음정 조절이 완벽하게 맞물려 돌아가고 적재적소에 배치되어야 한다.

또, 활기찬 목소리가 몸 속 세포들의 결속력을 높이는 화학적 변화를 일으킨다는 사실이 과학자들을 통해 밝혀졌다. 입에서 나가는 언어와 말투, 억양이 그만큼 중요하다는 뜻이다.

말의 유창함은 강력한 어투, 문투, 독특한 개성을 갖추고 있어야 한다. 고대 그리스 소피스트들은 설득을 목적으로 하는 논변술을 강조하였다. 이들은 유창한 언변을 갖추기 위해 어투와 형식에 큰 가치를 두고 훈련에 집중했다.

온화함

·

·

나는 소망한다. 모두가 친절한 사람이 되기를. 사람을 끌어당기는 매력은 온화한 내면에 있다. 내면 깊은 곳의 온화함의 울림은 주위 사람에게 전해지게 마련이다.

행복의 출발점은 스스로가 가치 있는 존재라는 것을 마음에 새기고 인정하는 것이다. 온화한 마음을 지닌 사람들은 만나는 사람을 진정한 마음으로 소중하게 대한다. 관계는 상대적이다. 내가 상대을 어떻게 대하느냐에 따라 관계의 질도 달라진다.

명심하자. 우리 안에 내재된 온화함은 향기로운 수선화가 자신의 향기를 주변에 감돌게 하듯이 자연스럽게 흘러나오는 것이란 걸.
아래와 같이 세 가지 만이라도 결심해 보자.

1. 절대로 타인을 비방하지 않겠다.
2. 순진하고 정직한 사실 외에는 말하지 않겠다.
3. 그 누구에 대해서도 나쁘게 말하지 않겠다.

절대 긍정의 말

말 씨앗

그리스 신화에서

피그말리온은

간절히 바라면

이루어진다는 의미이다.

장 레옹 제롬, <피그말리온과 갈라테이아>, 1892년

긍정에 희망을 건다

.

.

실패하는 사람은 늘 부정적이고 배타적이다. "난 안 돼!", "난 할 수 없어!"라는 말을 반복한다. 부정적인 말과 생각에 갇혀 지낸다.

반면 성공하는 사람은 매사 긍정적으로 미래를 바라본다. "난 할 수 있어!", "난 성공할 수 있어!"를 반복한다. 성공하려면 이처럼 긍정적인 태도가 무엇보다 중요하다.

시련의 삶을 살았던 미국의 제16대 대통령 에이브러햄 링컨의 고백이다.

"내가 걷는 길은 험하고 미끄러웠다. 그래서 나는 자꾸만 미끄러져 길바닥 위에 넘어지곤 했다. 그러나 나는 곧 기운을 차리고 나 자신에게 말했다. '괜찮아, 길이 약간 미끄럽긴 해도 낭떠러지는 아니야.'"

그래서 나는 삶을 긍정에 접목시켰고, 긍정에 희망을 건다.

독살 차단 연습

.

.

욕이나 분노의 말은 하는 일은 스스로 독약을 먹는 일과 같다. 다 알듯이 말은 듣는 사람보다 말하는 사람에게 먼저 영향을 미친다. 따라서 욕이나 분노의 말을 먼저 구사하면 내가 먼저 독약을 먹는 것이다. "제가 먼저 독약을 먹을게요!"와 같은 의미이다.

이번에는 '독살 차단' 연습을 해 보자.

꿀팁이다. 욕이나 분노의 말을 들었을 때 튕겨 되돌려 보내는 거다. 만약 상대방이 내게 욕이나 부정적인 언어를 보내오면 스며들지 않고 튕겨 나가게 하면 된다. 어떻게?

웃음으로 방어벽을 치면 스며들지 못하고 튕겨 나간다.

오늘 한번 써 보고 그 효과를 말해 달라.

명절

·

·

    나에게 '명절' 하면 가장 먼저 떠오르는 것이 비교하는 말이다. 명절이 되기도 전에 두 자녀가 입장을 전했다. "나, 이번 명절에 시골 내려가지 않을 거야." 그렇게 정겹고 기다려져야 할 명절이 어떤 이들에게는 바늘방석이 되기도 한다. 비교하는 말에 마음 상하는 일이 생기기 때문일 것이다.

    '예쁘다', '똑똑하다', '잘났다'···. 내가 들으면 참으로 좋은 말이지만 비교급으로 써지면 큰 상처가 된다.

    명절이 싫은 것이 아니라 명절에 비교되는 말 때문에 가기 싫다는 의미여서 더 슬프다.

긍정적 입버릇

·

·

한 사람의 현재 모습은 그 사람의 언어습관이 가져온 결과라고 해도 과언이 아니다. 무심코 쓰는 말 한마디가 당신의 인생을 좌절한다. 좋은 입버릇은 성공하는 환경을 만들고 운을 부르는 체질로 바꾼다. 혹 무심결에 내뱉는 나쁜 입버릇들이 있지는 않나?

"망했어", "아이고, 피곤해 죽겠다"라며 털썩 드러누워 버린 적은 없는가. "쳇, 정말 내 인생 운이 없다", "뭐야, 나에게는 기회도 없네", "그냥, 확 부숴 버려", "정말 큰일 났어", "진짜, 열불나!"

이런 입버릇을 달고 산다면 말한 대로 일이 일어날 위험이 있다.

그래서 나는 무슨 일에든 긍정의 말을 가장 많이 사용하려고 애쓴다. 만약 당신이 성공했다면 그것은 긍정적 입버릇 덕분이다. 실패했다면 그 역시 실패할 수밖에 없는 입버릇을 가지고 있었기 때문이다.

뇌 언어

·

·

우리의 생각은 곧바로 뇌로 반영되고 몸으로도 반응하게 되어 있다. 뇌에는 각각의 역할이 있는데, 상상력에 의해 서로 연결되어 있다. 그래서 뇌는 상상한 것에 반응하는 특성이 있다. 신맛 나는 음식을 상상하면 바로 침이 고이는 것처럼 뇌는 **상상으로 그린 이미지대로** 반응한다. 자신을 미인이나 미남이라고 생각하고 하루에 10번씩 거울을 바라보며 "넌, 정말 예쁘다, 잘생겼어"라고 말해 주면 효과는 대단하다.

나는 뇌 공부를 통해 이를 깨달았고 책으로 쓰게 되었다. 우리 뇌는 자신이 말한 단어를 그대로 읽어 들이기 때문에, 자신이 주로 사용하는 말대로 인생도 살아가게 된다는 것이다. 그래서 미국의 철학자 윌리엄 제임스(William James)는 "인생은 생각의 결과다"라고 말했다.

오늘부터 "돈이 없어"가 아니라 "돈이 들어오네", "짜증 나"가 아니라 "좋아", "인생이 힘드네"가 아니라 "인생이 즐겁다"라고 말하며 살자. "할 수 없어" 말고 "할 수 있어"를 말하자. 어떤 일 앞에서도 "해 보자, 꼭 잘 될 거야"라는 적극적인 자세를 갖자.

놀라움과 감동의 하루

·

·

"와! 멋지다", "예쁘다!", "재미있다!", "우와, 신기하다!"라며 뇌가 놀라움과 감동을 느끼면 곧바로 뇌 안의 '해마'라는 필터를 통해 이 느낌이 뇌의 심층부에 도달해 의미 있는 기억이 되어 놀라움과 감동의 횟수를 계산한다.

그래서 생활 속에서 느낀 놀라움, 감동의 횟수만큼 행복한 시간도 더 길게 느껴지게 된다. 바쁜 하루 생활 속에서 이러한 '감동 약'을 먹은 횟수가 없다면 시간이 허무하게 빨리 지나가고 만다.

그렇게 하루 생활 속에서 놀랍거나 감동하는 일이 전혀 없다면 어떻게 될까? 시간 감각이란 의미에서 하루의 생활이 무감각에 익숙해지게 된다. 그러나 하루하루의 생활을 놀라움으로 가득 채운다면, "와!" 하며 감동한다면 시간이 길게 느껴진다.

우리의 하루하루 생활이 무감각에 익숙해지지 않도록 해 보자. 하루가 감동과 놀라움의 시간이 되도록 말이다.

간절한 바람

．

．

중국 명언에서는 '진심으로 할 수 있다고 생각하고 화살을 쏘면 돌도 뚫을 수 있다'라고 한다.

아름답고 멋진 여러분은 피그말리온 효과에 대해 들어 본 적이 있는가? 심리학에서 사용하는 말이다. 옛날 키프로스 섬에 피그말리온이라는 이름의 왕이 있었다. 상아로 여성의 조각상을 만들었다. 자신이 만든 조각상을 매일 들여다보며 조각상을 사랑하게 되었다. 그런데 이 조각상을 너무 사랑하게 된 나머지 피그말리온은 조각상에 생명을 불어넣어 달라고 간청하기에 이르렀다. 날마다 아프로디테 여신에게 기도했다.

"이 조각상이 여인이 되게 해 주세요."

간절하게 소원하는 모습을 보고 아프로디테 여신은 조각상에 생명을 불어넣어 주었고 두 사람은 결혼을 한다.

이처럼 '간절히 바라면 소원이 이루어진다'라는 의미로 이를 '피그말리온 효과'라고 부른다. 간절함은 행동을 낳고, 기적을 만들어 낸다는 사실을 잊지 말라. 강한 바람은 그대로 이루어진다.

고승의 대답

.

.

일본 가마쿠라 시대의 고승 도원(道元)의 이야기다.

어느 날, 한 제자가 도원을 찾아와 물었다.

"선생님, 저도 최고의 고승이 되고 싶습니다. 어떻게 하면 빨리 이 소망을 이룰 수 있겠습니까?"

고승 도원이 대답했다.

"그 소망을 이루려면 깨어 있을 때나 잠잘 때나 언제나 그것을 생각해야 한다."

고승 도원의 대답은 특별한 것이 없었다. 바라는 것을 열심히 생각하면 긍정의 힘으로 작용하여 그대로 이루어진다는 것이었다. 좋은 생각이 인생을 만든다.

위약

·

·

    지혜의 왕이라 불리는 솔로몬(Solomon)은 "희망보다 더 좋은 약은 없다"라는 말을 남겼다. 심리 용어로는 '위약 효과'라는 말이 있다. 이는 가짜 약을 복용하고도 효과를 보는 예를 말한다. 뇌가 좋은 약을 먹었으니 몸에게 좋아지라고 지시하는 것이다. 결국 긍정의 생각과 말이 긍정의 결과를 가져온다는 원리다. 그래서 나는 인사말로, "하는 일마다 잘 되실 거예요", "피부가 참 고우세요", "인상이 좋으십니다"라고 말하곤 한다. 진심을 담아.

    나 자신에게도 좋은 점을 생각하고 긍정적으로 말해 줘라. "나는 최고의 보석이야", "내가 봐도 정말 예쁘다"라고 좋은 말을 들려주어라. 우리의 뇌는 누가 말하든 말한 내용대로 반응하기 때문이다. 매일 위약을 먹고, 먹이자. 부작용은 없고 그 효과는 엄청나다.

    "진짜 예쁘다!", "난 내가 좋다", "참 행복하다!" 말해 주자.

    나에게도, 주변 사람에게도.

난, 내가 좋아

나의 소중한 지인 박진호 교수는 스피치 분야의 최고 권위자 중한 사람이다. 그는 스피치 연구를 하며 중요한 사실 하나를 깨달았다고 했다. 그것은 바로 '남을 칭찬하고 인정해 주기 이전에, 먼저 나 자신을 인정해야 한다는 것'이었다. 나의 존재가치를 인정하고 스스로에게 너그러울 수 있는 사람만이 타인을 인정하고 존중할 수 있다는 것이다. 현재 박진호 교수는 〈난, 내가 좋아〉라는 뱃지를 만들어 사람들과 나누고 있다.

지금 이 순간, 스스로에게 "난 내가 좋아"라고 말해 주자. 우리 자신만이 내 삶을 생중계하는 중계자다. 중요한 것은 지금 그대로의 모습을 인정하는 것이다. "정말 잘했구나", "이렇게 잘할 수 있다니 최고다!" 하고 나 자신을 인정하라.

묻겠다. 사랑이란 무엇이라고 생각하는가?

나는 자신부터 인정해 주는 것이라고 생각한다. 현재 내가 있는 곳에서 내가 하는 일에 정성을 다 쏟는 것. 그런 자신을 좋아한다고 말해 주는 것.

돈으로는 살 수 없는 지지의 말

·

·

'네 앞에서 남 말하는 사람은 다른 사람 앞에서도 당신에 대해 말할 것이다'라는 스페인 속담이 있다. 이는 기회가 있을 때마다 서로에 대해 좋은 말을 나누는 것이 훨씬 건강한 사회임을 의미한다. 직장에서는 어떠해야 할까?

일찍이 데일 카네기(Dale Carnegie)는 직원이 잘한 일을 알아봐 준다면 그들은 더더욱 계속 회사를 위해 일을 잘할 것이라고 말했다. 그러므로 회사를 운영 중이거나 다니는 중이라면 직원들이 회사에서 꼭 필요한 존재라는 느낌을 지니도록 해 주라.

직원들이 상사에게 가장 듣고 싶은 말은 잘한 일에 대한 인식과 보상이라고 한다. 그리고 관심 보여 주기다. 반면 직원들의 사기를 꺾고 기분 나쁘게 만들며 마음을 상하게 하는 말은 막말, 무시, 거친 비난, 욕과 협박 등이라고 한다.

또, 직장인들이 동료 직원에게 듣고 싶은 말은 깔끔하고 예의 바른 말, 들으면 기분 좋은 농담과 재미있는 이야기들이라고 한다. 동료 직원에게 듣고 싶지 않은 말은 역시 화내거나 무례한 말, 욕, 불

평, 비난 등이다.

여기서 일하는 모든 직원이 존중받고 감사함을 받는 존재가 되고 싶어 하는 것을 알 수 있다. 잘한 일은 잘했다고 알아주는 근로환경에서 일하고 싶어 한다.

가장 성공한 사람이 되고 싶다면 책에서 배운 이 마법의 원리를 실천하는 실전적 삶이 되게 하라. "유능하고 일을 가장 잘하네요."

어디서든 사람들의 장점을 말할 기회를 찾아내고, 지지해 주자.

빵, 삶의 언어

．

．

정말 사람은 빵만으로는 살 수 없을까?

성경 전체 66권, 1,189장 31,173절 가운데에서 마태복음 4장 4절을 참 좋아한다. "사람이 빵으로만 사는 것이 아니라 하느님의 입에서 나오는 모든 말씀으로 살리라."

사실 삶이라는 게 돈과 환경이 갖춰졌다는 것만으로는 즐겁지 않다. 내가 세상에서 가장 소중한 한 사람이라는 점을 깨달을 때 비로소 행복해진다. 생기가 돋고 표정이 밝아진다. 이를 만드는 것이 바로 삶의 언어이다.

지금 우리 주변을 둘러보자. 먹을 빵이 넘쳐나고 좋은 집과 자동차, 그리고 국가의 노후 보장제도도 그런대로 잘 되어 있다고는 하지만, 사소한 삶의 문제에도 쉽게 좌절하고 주변 사람과 싸운다. 양보하면 끝날 작은 일을 가지고도 고소, 고발이 난무한다. 심지어 목숨을 끊는 사람들이 많은 것도 본다. 모두가 단지 먹을 빵이 없어서만 죽는 것은 아니다.

지금 우리 삶에 필요한 빵은 힘든 사람들에게 먼저 다가가 진심으로 인정해 주는 태도다. 절실히 필요하다. 입안 가득히 흘러나오는 위로와 격려, 친절한 말과 사랑의 빵을 나누고 먹여야 한다.

"당신은 정말 소중한 사람입니다", "덕분입니다", "최고 전문가입니다".

먹는 빵만으로는 신나며 가치 있는 삶이 될 수 없다. 때로는 인정의 빵도 먹어야 한다.

언어의 약 복용

•

•

부정적인 생각은 부정적인 요인을 더 만들어 낸다. 외로움, 우울감 등으로 마음을 상하게 하며 더 나아가 관계 단절을 불러온다. 심하면 깊은 마음의 병으로 자라난다. 또, 매사에 쉽게 스트레스를 받는다. 뇌의 해마는 스트레스를 받으면 병이 생긴다.

그런데 마음이 상하는 일을 당했을 때 신이 내려준 언어의 약을 복용하면 이겨 내는 데 도움이 된다. 이를테면,

- ~ 구나 ▸ "그럴 수 있겠구나."
- ~ 겠지 ▸ "이유가 있겠지."
- ~ 그럼에도 불구하고 감사하다 ▸ "더 나쁜 상황이 아니라 감사하다."

여기 이렇게 언어의 약을 잘 복용하여 성공한 거장들이 있다. 우리가 잘 아는 골프의 거인 잭 니클라우스(Jack Nicklaus)는 "고맙다"라는 말을 잘 하기로 유명하다. 미국 토크쇼의 여왕이라 불리는 오프라 윈프리도 매사에 "감사합니다"라는 말을 아끼지 않았다. 부드

러운 카리스마로 유명한 박칼린 음악감독도 "사랑합니다"라는 말
로 자신의 마음을 전한다. 모두 기적을 일으키는 말들이 됐다.

우리의 입에도 이 말을 달고 살아야 한다. ㄴ 역시 '고맙다, 미안
하다, 용서한다, 감사한다, 사랑한다, 축복한다'의 말들을 입에 달
고 산다. 그 말이 기적을 만들기 때문이다. 이제 좋은 말이 우리의
입버릇이 되어야 한다. 물론 진심을 담아 말해야 한다.

인향(人香)

.

.

당신의 체취, 순간순간 당신이 내뱉는 말에는 향기가 있는가?

사람이 지닌 향기는 말에서 풍겨 나온다. 향기가 있는 말은 듣는 사람에게 흘러 들어가 그에게 웃음을 주고 기쁨을 준다.

천사와 악마의 차이를 아는가? 천사와 악마의 차이는 모습에 있지 않고, 바로 그가 사용하는 말에 있다. 비록 사람은 떠나도 그의 고유한 인향은 여전히 그 자리에 남는다.

춘추시대 사상가 노자의 〈도덕경〉에는 '다언삭궁(多言數窮) 불여수중(不如守中)'이라는 말이 나온다. 뜻은 "말을 많이 하다 보면 막히니 중심을 지키는 것보다 못하다"이다.

당신의 고유한 인향은 오래도록 아름답게 남아 있는가? 잠깐 멈추어 생각해 볼 지점이다.

박수

．

．

박수도 적극적 비(非)언어다. 일본 역사에서 오사카 상인들이 장사에 탁월했던 이유는 박수에 있었다. 그래서 오사카 상인 역사박물관에 가면 그들이 우선 박수로 손님을 신나게 환대하며 맞이하는 모습을 상징물로 만들어 놓았다.

소통 시 적절한 박수는 최고의 비언어다. 박수로 환대하고 반응할 줄 아는 소통가가 되어야 한다.

선언적 말

.

.

쉽게 할 수 없는 말이 있다. 선언적 말이다. 그만큼 선언적으로 들이대는 말에는 힘이 있어 효과가 크다. 사람들은 자신감에 찬 말에 이끌려 행동하게 된다. 스스로에게도 효과가 있고, 다른 사람에게도 효과를 미친다. 그러나 억지로 말하거나 누군가가 시켜서 하는 말이라면 별 효과가 없다.

"제가 손을 댄 이상 안심하십시오."

듣는 이들이 안심하고 의지할 수 있도록 자신감에 찬 선언적 말을 하라.

06

정말 말조심해야 해

지혜로운 언어생활

'솔로몬의 심판'은 대부분의 사람들이
잘 아는 이야기이다.
두 사람이 서로가 자신이
아이의 친부모라고 우기는 과정에서
솔로몬 왕이 지혜를 발휘하여
진짜 친부모를 가려낸다.

발렌틴 드 블로뉴, <솔로몬의 심판>, 1865년

언품(言品)

·

·

사람은 자신의 품격만큼 말을 채운다. 그래서 말은 언어 그 이상이다. 딱 필요한 순간에, 자신 안에 꽉 찬 말이 나온다. 평소 다듬어 두지 않으면 자신도 모르는 사이에 상대방의 말을 가로채고, 과장된 말을 사용하고, 두루뭉술한 말 속에 의중을 숨긴다. 보듬어주고 다독이고 위로하는 말보다는 지적하고 원망하고 비난하는 말에 익숙해져 있기에 더 쉽게 뱉곤 한다. 그러므로 우리의 언품을 노력하며 다듬어야 한다.

문득 생각나는 고사성어가 있는데, 그 의미는 여러분이 먼저 유추해 보길 바란다. '삼사일언(三思一言).'

바로 "한 번 말할 때마다 세 번 이상 생각한다"는 뜻이다. 삶에서 스스로 얼마나 실천하고 있는 부분인지 생각해 보자. 우리 속담에도 '말이 말을 만든다'고 했다. 모두 어떤 말이든지 신중히 하라는 의미다. '삼사일언'을 세 자로 줄이면 어떤 말이 될까?

말조심.

말조심

.

.

'말조심'은 말과 관련하여 할 수 있는 최고의 충고다. 요즘 최고 권력을 가진 정치인들이 통 말조심을 하지 않는다. 어쩌면 말 공부 대상 1호는 정치인들이다. 거침없는 그들의 말들은 듣기만 해도 큰 상처가 된다. 막말로 구설에 오르는 정치인을 보며 오늘부터 나는 교양 없는 말들은 사용하지 않겠다고 다짐한다.

조심성 없는 말들은 우리를 불성실하고 무책임하며 무식한 사람으로 비춰지게 하기 쉽다. 사람들에게 덜컥 상처를 주며 소통을 불가능하게 하고 배려와 관용은 당연히 모른다. 이제 나도 말조심으로 더 격조 있는 사람으로 살겠다.

사실 정치인들은 누구보다도 먼저 말조심을 해야 한다. 국민들에게 비춰지는 직업이고, 그들의 태도가 국민의 삶에 그대로 영향을 미치기 때문이다. 나의 바람은, 정치인들이 말 공부를 하는 시간을 갖는 것이다.

황당한 험담

　한 번은 대화자리에서 한 동료가 "화장실 갔다 올게" 뒤에 "내 뒷담화는 짧게 해라, 나 짧은 거야!"라고 말하고 가는 것이었다. 이는 그 친구가 없을 때 있을 쑥덕거림을 말했던 것이다.

　얼마 전 알고 지내는 지인이 자신을 둘러싼 황당한 험담 때문에 가슴앓이를 하고 있음을 알았다. 직장생활이 힘들다는 얘기까지 들었다. 사실과 전혀 다른 소문들이 돌고 있어 무척 속상해했다. 이런 걸 두고 흔히 '뒷담화'라 부른다.

　유대인의 가르침을 보면 유대인 부모는 자녀가 말을 인지할 수 있는 3~4살이 되면 가장 먼저 철저히 가르치는 인성교육이 '험담하지 말라'다. "남을 헐뜯는 험담은 살인보다도 위험하다. 살인은 한 사람만 죽이지만 험담은 세 사람을 죽인다. 곧 험담을 퍼뜨린 사람 자신, 험담을 막지 않고 듣는 사람, 험담의 대상이 된 사람이다." 이는 〈미드라쉬〉의 가르침이다.

　그런데 요즘 사람들은 험담하는 데 큰 거리낌이 없는 듯하다. 오히려 험담하기를 더 재미있어 한다. 황금률(黃金律, 레위기 19:18 "네 이웃을 네 몸처럼 사랑하라")을 어기는 일을 더 즐긴다. 자신에 관해서는 부끄러운 일들을 감추고 싶어 하면서도 타인의 비밀스러운 약점에 대해서는 조심하기를 거부한다.

남에 대한 말을 하거나 남에게 옮기기 전에, 반드시 이 세 가지 질문을 자신에게 해 봐야 한다.

- 그것이 사실에 근거한 것인가?
- 꼭 필요한 말인가?
- 그렇게 말하는 것이 서로에게 유익한가?

허세병

∙

∙

굳이 필요 없고, 쓸데없고, 인격적으로 공격적이며 알지 말아야 할 것까지 묻는 말은 스스로 금지해야 한다. 앞뒤 없이 결론만 말하는 태도도 전부 금지해야 한다. 특히 다음의 '세 가지 체'를 쓰지 말아야 한다.

'…아는 체, …있는 체, …안 그런 체' 하는 말들 말이다.

실속 없는 자가 유난히 허세를 부리는 경우를 두고 우리 속담에서는 '없는 놈이 있는 체, 못난 놈이 잘난 체, 모르면서도 아는 체'라고 표현했다.

어쩌면 우리들도 허세병을 갖고 있지는 않은가? 실속은 없으면서 겉으로 보이는 것에만 치중하지는 않는가?

금지어

.

.

우리는 일상적인 언어폭력에 시달리며 살아가고 있다.

"야!", "어이!", "저기요!", "졸라!"는 정말 금지해야 할 언어다. 비난이나 조롱, 굴욕을 주는 말, 외모 비하나 신체적 특징을 비웃는 말 역시 절대 금지 언어다.

자기 자랑을 늘어놓는 말, 남의 말을 가로채는 말, 낙심하게 하는 말, 배려가 없는 말, 거짓으로 과장하는 말, 압력을 가하는 말들도 사용하지 않아야 한다. 마음의 상처를 안기기 때문이다.

오늘부터 이 말들을 사용하지 않기로 하자. 우리부터, 우선 나부터 절대로 사용하지 않기로 결심한다.

품(品)을 쌓다

·

·

현대 경영학을 창시하고 체계화한 미국의 경영학자 피터 드러커(Peter Drucker)는 말했다. "내가 무슨 말을 했느냐가 중요한 게 아니라, 상대방이 무슨 말을 들었느냐가 중요하다." 내 입에서 나간 말보다 상대의 귀에 들려진 말이 더 중요하다는 의미이다.

한 번 입 밖으로 나간 말은 돌이킬 수 없다. 이를 알고 진중하게 길어 올린 말에는 고유의 가치와 품격이 생기기 마련이다.

격과 수준을 의미하는 한자 '품(品)'의 구조를 보면, '입 구(口)' 세 개가 모여 이뤄졌음을 알 수 있다. 즉, 말이라는 것이 조심하고 진중하게 쌓이고 쌓여야 한 사람의 품격이 된다.

오늘부터 무심코, 즉흥적으로 말하는 일을 신중히 하자. 벌컥 화내며 하는 말은 절대로 안 된다. 특히나 말은 인격이기에 불행을 자초하거나 자신을 고립시키는 말 또한 사용해서는 안 된다.

7:3

·

·

〈탈무드〉에 이런 말이 나온다. "인간에게는 입이 하나, 귀가 둘이 있다." 이는 말하기보다 듣기를 두 배 더 하라는 뜻이다.

성공의 언어 법칙에도 '7:3' 대화법이 있다. 상대가 7을 말하게 하고, 자신은 3을 말하는 것이 대화의 황금비율이다. 7:3의 황금비율을 지키면 대화에서도 성공한다. 또, 대화 시 사용하는 단어에서도 긍정적인 말과 부정적인 말의 비율을 7:3 정도로 유지하는 것이 좋다.

앞으로 무언가를 설명하거나 대화할 때, 7:3의 비율로 말하면 성공할 것이다. 결국 부정적인 말을 사용하지 않는 것이 중요하다. 그래서 성공한 사람들은 주로 "잘될 거야", "괜찮아, 할 수 있어", "결국 좋아질 거야", "미래는 점점 밝아지고 있잖아"라고 말한다.

옛 격언에 '입은 재앙의 근원'이라고 말했다. 말이 인생에 얼마나 중요한 영향을 미치는지를 알아야 한다. 한마디를 해도 신중에 신중을 거듭해서 말해야 한다. 그래서 격조 있는 사람은 '말하기'보다 '듣기'에 능하다.

언어폭력

.

.

삶의 곳곳(가정, 학교, 직장, 군대, 사이버 공간 등)에서 사회 안팎으로 언어폭력으로 인한 피해 사례가 급증하고 있다. 학생들뿐만 아니라 정치인들조차 공공연히 언어폭력을 일삼고 있다. 상당수의 선생님들도 학생들로부터 욕설과 비난을 들으며, 무시당하고 있는 것이 오늘날 교육 현장의 실상이다. 이 책을 쓰는 이유 중 하나도 바로 이러한 언어폭력의 해결책을 찾고자 함이다.

사람은 누구나 말실수하기 쉬우며, 그 말 한마디 때문에 다른 사람의 가슴에 상처를 안겨 줄 수 있다. 욕설, 험담, 폭언 등의 불쾌한 말은 당연히 사람들이 가장 듣기 싫어하는 종류의 말들이다. 화내는 말, 거짓말, 비판적인 말, 흉, 무시하는 말, 모함의 말도 마찬가지다. 고통을 주는 말, 칭얼거리는 말, 배려가 없는 말도 많은 사람이 듣기 싫어하는 말들이다. 부정적인 말, 끼어드는 말, 고함지르고, 거짓 아첨, 성차별 하는 말, 논쟁, 단점을 들먹이는 말도 오늘부터 사용하지 않겠다고 다짐해 보자. 이런 말들은 상대방을 무력하게 만드는 소위 언어폭력이기 때문이다.

외국 어느 여성의 고백이다. "저는 어릴 적부터 커서 가출하게 되기까지 아버지로부터 이유 없는 욕설을 들어야 했습니다. 아버지는 화가 나면 저보고 '창녀 같은 년'이라고 욕했습니다. 더 이상 참지 못하고 집을 나온 제가 지금 매춘부로 지내고 있으니, 결국 아버지의 말대로 된 셈이지요."

잠깐 스스로에게 묻고 자기와의 대화를 천천히 나눠 보자.

그간 나의 말이 다른 사람들의 마음에 상처를 주고 공격하듯이 작용하진 않았는지? 주변 사람들을 힘 빠지게 만들지는 않았는지 생각해 보는 시간이다.

또 일상에서 사람들과 얘기할 때 내가 듣고 싶지 않은 말들은 없었는가? 말로 분위기를 나쁘게 만들지는 않았나? 상대방의 인격을 무시했던 언행은 없었나? 혹 있다면 지금이라도 결심하자. 앞으로는 어떤 경우에도 언어폭력을 휘두르지 않겠다고 말이다.

말하기 전에

.

.

물고기가 물속에서 살듯이 우리는 말 속에서 살고 있다.

동시에 우리들이 하는 많은 말들 속에서 많은 생각들이 소멸당하고 있다.

오늘도 많은 말들은 무례하며, 화가 나게 했으며, 악의를 담아 쏟아져 나와, 삶을 파괴시켰다. 그러나 소수라 할지라도 나는 여전히 친절한 사람들이 모여 세상에 위대한 변화를 가져올 수 있다고 본다. 인류사에서 말이 사회를 만들었고, 그 말이 지금의 인간을 만들었듯이.

인간에게는 동물과 달리 높은 수준으로 사고할 능력이 있기에 인간만의 언어로 우리의 삶도 바꿀 수 있다. 그러므로 말하기 전에 어떻게 하면 상대를 먼저 세워 줄 수 있고, 살릴 수 있는가를 생각해야 한다.

말하기 전에 먼저 생각하라.

칼

·

·

주로 어떤 말을 할 때 가장 큰 상처를 받을까? 아니, 다른 사람의 가슴에 깊게 칼을 꽂는 것일까?

나의 기준으로 보면 부부 사이에는, "집에서 편하게 쉬기만 하면서…", "나가서 돈 벌어 와", "당신이 뭘 알아?" "배만 불러서는…" "그것도 못해?" 등이다.

종종 무시하여 아예 대꾸하지 않는 것 역시 무언의 상처를 주는 하나의 말이다.

남편이 아내에게 "당신도 살 좀 빼"라고 말하는 것도 큰 상처가 될 수 있다. "당신은 몰라도 돼"는 무시한다는 인상을 주는 대표적인 말이다.

이런 말들이 깊게 상처를 줄 수 있는 날카로운 생활 속 칼이다.

가족 10계명

·

·

오늘부터 다음의 말들을 사용하지 않기로 한다. 특히 가족에게는 사용하지 않겠다. 실로 우리는 누구보다 가까운 가족이나 친구로부터 더 쉽게 상처를 받곤 한다.

세상을 살아가는 데 가장 소중한 존재는 가족이다. 하지만 정작 그렇게 소중한 가족에게 사랑의 말은 못할망정, 반대로 험한 말을 하거나 깊은 상처를 주는 말을 쉽게 하곤 한다. 이를 어찌할 텐가. 까드락까드락 화만 돋우고 험한 말만 사용하고 있진 않은가?

'언위심성(言爲心聲)'이라 했는데, 즉 말은 마음의 소리이다. 가족과의 대화에서 사용해서는 안 되는 10계명이 있다. 이는 가족 간에 반드시 지켜야 할 도리다. 물론 연인, 동료 사이에서도 반드시 지켜야 한다.

1. 갈등이 생기더라도 화내며 말하지 마세요.
2. 서로 얼굴을 마주한 채 목소리를 높이지 마세요.
3. 아무리 화가 나도, "나가, 헤어져, 죽어, 꺼져 버려" 등의 민

음을 깨는 험한 말은 사용하지 마세요.

4. 절대 다른 사람과 쓸데없이 비교하지 마세요.

5. 단점이나 과거의 문제를 얘기하지 마세요.

6. 대화를 쉽게 흘려듣지 마세요.

7. 칭찬과 사랑의 말을 하루에 세 번 이상 하세요.

8. 부족해도, 기대를 저버리는 말은 하지 마세요.

9. 가족과 함께 식사하되, 식탁에서는 밥닷 나는 얘기만 나누세요.

10. 자녀들에게 눈높이를 맞추어 이야기하서요.

책임지는 말

·

·

　사람들은 말보다 행동으로 책임지는 사람을 더 좋아하고 신뢰한다. 말을 잘하려면 지성이 필요하다. 그러나 지성보다도 중요한 것이 인품이다. 말하는 사람의 말의 내용보다 말하는 사람의 사람됨이 더 중요하다. 그리고 진정성 있는 태도에 의해 말하는 사람의 인품이 판단된다.

　우리는 언제나 우리가 하는 말로 평가받으며 살아간다. 품위와 교양 없이 말만 잘하는 사람을 멋지다거나 말을 잘한다고 생각하지 않는다. 품위가 넘치는 말을 할 때, 말 한마디로 마음을 사로잡고, 나의 인생도 바꿔 낼 수 있을 때 '말을 잘한다'고 표현한다.

　당신도 이렇게 말을 잘하는 사람이 되었으면 좋겠다. 무언가에 홀린 듯, 절로 격조 높은 말들이 흘러나와 사람들이 당신의 입만 바라보게 되는 상황 말이다.

　여기서 잠깐 스스로에게 묻고 아주 천천히 대화해 보자. 나는 스스로의 언행에 책임을 지는 사람인가? 말을 했으면 책임을 지는 사람됨, 즉 언품(言品)을 갖추었는가?

말의 파급력

.

.

세계 최초의 흑인 대통령인 남아프리카공화국의 넬슨 만델라 (Nelson Mandela). 그는 인종차별정책에 저항하다 27년간 옥살이 했다. 그는 인간의 품격을 한 단계 올려놓았는데, 흑백 갈등을 용서와 화해로 봉합했다. 그가 1993년에 노벨 평화상을 수상한 데는 어떤 요인이 숨어 있었을까?

다음은 그의 말 속에 담긴 품격이다.

"난 말을 결코 가볍게 하지 않는다. 27년간의 옥살이가 내게 준 것이 있다면 그것은 고독의 침묵을 통해 말이 얼마나 귀중한 것이고 말이 얼마나 사람들에게 큰 영향을 끼치는지 알게 되었다는 것이다."

이러한 그의 성품은 그의 말보다 파급력이 컸다. 말할 것도 없이 성품은 그 사람의 인생 전체를 결정한다. 말이 그 사람의 성품에서 나와서다. 만델라 대통령은 이렇게도 말했다.

"말을 내뱉었으면, 그 말의 진짜 의미를 실제 행동으로 증명해 보여야 한다."

영국의 소설가요 시인인 키플링(Rudyard Kipling)은 "인간이 사용하는 약 중에서 가장 강력한 약은 말이다"라고 했고, 임마누엘 칸트(Immanuel Kant)는 "인격이란 책임 능력이다"라고 말했다. 인격은 성공하는 사람의 필수 원동력이며, 인품(人品)을 만드는 근본이다. 곧, 말이 삶이다.

만델라 대통령은 말했다.

"삶에서 중요한 것은 우리가 살았다는 단순한 사실이 아니다. 다른 사람들의 삶을 어떻게 변화시켰는지가 우리 삶의 의미를 결정할 것이다."

스스로에게 물음을 던져 보자. 과연 나는 어떤 품격을 키우고 있는가? 나의 성품은 말보다 더 크게 말하고 있는가? 사람의 깊은 곳에 품격이 있다면, 그것이 정말 입 밖으로 나올 수 있을까?

인지상정(人之常情)

.

.

"오늘 의상이 참 예쁘네요.

○○ 씨처럼 세련된 사람에게 잘 어울리는 옷이에요."

'인지상정'이라는 말이 있다. 이는 '사람이면 누구나 지니는 보통의 마음'을 말한다. 인정과 칭찬을 받으면 기분이 좋고 비난과 조롱을 받으면 화가 나는 것은 당연하다.

미소를 머금고 다가가 진실한 마음을 담아 나눈 대화가 햇살이 되어 서로를 환하게 비춰 주고 따뜻하게 해 준다. 지혜로운 사람은 역지사지의 마음으로 말한다.

한나라 학자 유향(劉向)은 "언어는 꾸며야 하고, 말은 선해야 한다"고 했다. 지적은 약처럼 입에 쓰고, 충언은 귀에 거슬리기 마련이다. 그래서 아무리 좋은 의미의 충언이라도 강도만 센 소리는 효과가 없다. 마음이 담겨야 한다.

만약 자신이 지난날에 했던 모든 말을 녹음하여 다른 사람들 앞에서 들려준다면 부끄럽지 않은 사람이 없을 것이다. 그런데도 실생활에서 우리는 말을 그다지 중요하게 여기지 않을 때가 많다. 우리의 일상이 다 말로 채워져 있는데, 중요하게 여기지 않는 것은 대단한 오만이다. 인지상정을 이해하는 역지사지의 자세로 대화를 건네 보자.

문득 하고 싶은 말

.

.

"네가 최고야."

"네가 무엇을 하든 나는 네 편이야."

"너는 나에게 소중해."

"곁에서 응원할게."

'…만이라도'

·

·

    상품은 경쟁력이 있어야 팔린다. 기업도 경쟁력이 있어야 투자를 받고, 국가도 경쟁력이 있어야 잘 살게 된다. 그렇다면 사람의 경쟁력은 무엇인가? 바로 '언변력'이다. 말은 생각을 드러내고 설득하는 힘을 가지고 있기 때문에 말로써 성과를 낼 수도 있고, 잘되던 일을 말 때문에 그르칠 수도 있다. 이토록 강력한 힘을 가진 말을 어떻게 잘 사용할지 늘 고민해야 한다.

    대화 시 **첫마디**는 매우 중요하다. 먼저 미소를 머금고 긍정적인 말을 건네라. 첫마디로 상대가 빨려 들어오도록 만드는 것이다.

    미소는 상대의 긴장을 풀고 호의적인 인상을 준다. 물건을 파는 세일즈맨이 얼굴을 찌푸리거나 침울한 표정으로 상품을 파는 경우를 보았는가?

    경청하는 태도를 지녀라. 시선은 부드럽게 응시하며, 자세는 약간 상대 쪽으로 기울이는 것이 좋다. 젖혀진 자세나 팔짱을 낀 태도는 상대에게 거부감과 무시당한다는 느낌을 줄 수 있으므로 주의해야 한다. 상대의 말에 관심을 가져라.

대화에서 **상대를 인정하라.** 상대방과 나의 공통점, 대화가 연결될 수 있는 공감 지점을 찾고 거기서 상대를 인정하는 말을 건네보자. 대화가 잘 풀릴 것이다.

호의란 상대가 나에게 가지는 좋은 감정이다. 호의를 갖게 되는 여러 동기 중에는 '공감대'가 있다. 인간은 공감대가 형성될 때 상대와 가까워질 수 있는데, 고향, 학교 등 연고지가 같거나, 같은 곳에서 군 생활을 했다거나, 취미가 같거나, 심지어 같은 TV 프로그램을 좋아하는 것으로도 공감대가 생길 수 있다.

마지막 팁이다. 대화가 안 풀릴 때는 '…만이라도' 화법을 활용해보자. 큰 부탁보다는 사소하고 작은 부탁을 하건 상대방도 크게 부담을 느끼지 않는다. "5분만이라도 좋으니 생각해 주세요", "단 한 줄 만이라도 좋습니다", "한마디라도 괜찮습니다"라고 부탁하면 상대방은 응해 줄 확률이 높다. 사소하고 작은 부탁을 청하라.

혀

.

.

  우리의 혀는 세 치로, 약 10cm밖에 되지 않는다. 57g에 불과한 세 치 혀지만 우리의 운명도 좌우한다. 큰 배에는 배를 조종하는 작은 키가 있고, 큰 자동차에서는 작은 핸들이 방향을 조정한다. 1마력의 힘을 지닌 말(馬)에 아주 작은 재갈을 물려 달리게 하듯, 혀를 통해 우리의 삶도 좌우된다. 세 치 혀를 잘 조절한다면 삶을 변화시킬 수 있다.

  유대인 사회에서는 훌륭한 선생님을 '랍비'라고 부른다.

  어느 날 랍비가 자신의 하인에게 시장에 가서 가장 맛있고 비싼 음식을 사 오라고 했더니, 그 하인은 혀를 사 왔다.

  며칠 뒤 랍비가 또 하인에게 오늘은 좀 싼 것을 사 오라고 했다.

  그랬더니 또 혀를 사 온 것이었다. 랍비가 물었다.

  "요전에는 비싸고 맛있는 것을 사 오라고 하니까 혀를 사 오더니, 오늘은 싼 것을 사 오라고 했는데 또 혀를 사 왔으니 어찌 된 일인가?"

  그러자 하인은 이렇게 대답했다.

"네, 혀는 좋을 땐 아주 좋지만, 나쁠 땐 이브다 더 나쁜 게 없으니까요."

혀는 신체기관 중에서는 매우 작지만 언어와 소통의 중심도구로써 그 위력은 대단하다. 유대교의 잠언 문헌 〈미드라쉬〉에 의하면 결국 "당신들의 사악한 혀로 인하여 오늘도 세 사람이 죽었다'라고 말한다. 이는 말하는 사람, 험담의 대상자, 그리고 듣는 사람을 죽였다는 의미이다. 오래도록 새겨들을 만한 멋진 교훈이다.

말의 바다

.

.

우리는 세상을 살아가는 사람들과 좋은 관계를 맺고 유지하기 위해 말을 사용한다. 물고기가 바다가 없으면 살 수 없듯 우리도 말의 바다에서 살아간다. 우리가 말의 바닷속에서 살아가고 있다는 점을 깨닫길 바란다.

그런데 우리가 살아가는 이 말의 바다는 늘 살아가기에 현저히 좁고 부족하게 느껴진다. 그 이유는 무엇일까?

우리들이 하는 말들로 말의 바다가 더렵혀지고 오염되어 파괴되고 있기 때문이다. 말하기 전에 먼저 바다를 생각하지 않고 말하기 때문이다.

지(知)·명(明)

철학자 노자는 말했다.

'지(知)'와 '명(明)'은 다르다고.

'지'는 아는 것이지만 '명'은 깨닫는 것이라고.

진짜 말도 갈고 다듬어야 '명'이 된다.

그런데 그 '명'은 몸으로 실천해야 얻을 수 있다.

행동할 수 없다면 그것은 빈말이 될 것이다.

폭언

•

•

텍사스 대학교의 테드 휴스턴(Ted Huston) 교수는 펜실베이니아 주에서 혼인 신고를 한 145명을 13년에 걸쳐서 추적 조사하여 어떤 부부가 주로 이혼하는지 연구했다. 결과는 서로 욕하는 부부였다고 한다. 반대로 서로에게 애정을 표현하며 칭찬하는 부부는 이혼하지 않았다.

화난 사람의 입에서는 폭언이 나온다. 감정을 다스리지 못한 분노 상태에서 나온 말은 독선적이며 싸움을 거는 말이다. 거친 말은 관계를 깨트리기 쉽다. 분노의 말에 대해서는 뒷부분에서 더 자세하게 다뤘다.

이 책을 여러 번 읽으면 분명 감정을 더 잘 다스리게 될 것이다. 함께 여러 번 읽자.

삶을 변화시키는 말

새 시각을 불어넣는 말

폴 세잔은 정물화 한 점을 그리기 위해
사과가 그 자리에서 썩을 때까지
100번 이상 작업했다고 한다.
기존의 정물화는 눈에 보이는 그대로를
최대한 닮게 그리는 것이 중요했는데,
세잔의 정물화는 새로운 관점으로
다양한 시점에서 관찰한 각기 다른 사과를 그려 냈다.

폴 세잔, <사과와 오렌지>, 1895~1900년

친구의 격려

·

·

폴 세잔(Paul Cézanne)은 프랑스의 대표 화가로서 현대 미술의 아
버지로도 불린다. 사과 그림으로도 유명하다.

독학으로 자수성가한 세잔의 아버지는 사업을 통해 큰돈을 벌
었다. 그는 세잔이 법조인이 되길 원했다. 아들이 변호사가 되면 자
신을 '돈은 많지만 교양은 없는 사업가'라고 업신여겼던 귀족사회
에 앙갚음을 할 수 있다고 믿었기 때문이다.

세잔은 법학을 전공할 뜻이 전혀 없었으나, 아버지의 강요로 법
과대학에서 법학을 전공한다. 하지만 세잔은 말만 잘하는 변호사
가 되고 싶지는 않았다. 그의 흥미는 온통 그림에만 쏠려 있었고,
결국 파리에서 그림 공부를 하게 된다. 그는 지성과 품위를 갖추어
말의 품격을 그림으로 드러내고 싶었다. 미술 전공자들에 비해 기
교가 떨어졌지만 세잔의 좋은 친구였던 졸라(Émile Zola)의 격려로
용기를 내어 그림을 그렸고, 아름다운 작품을 남겼다.

말씨라는 씨앗

․

․

　인간은 말하는 존재다. 대화는 차원이 높고 고우며 온순해야 한다. 서로 존중하는 기쁨의 언어를 말하고 또 들려주어야 한다. 어떻게 말할지에 대한 선택권은 늘 우리의 입에 있다. 축복으로 향하는, 사람을 살리는 말을 해야 한다.

　많은 이들이 대화다운 대화가 어렵다고 말한다. 우리의 대화는 무엇이 문제이며 무엇이 어려운 것일까? 말의 문제는 사실 기교의 문제가 아니라 내면의 문제다.

　밭에 씨앗을 심었다고 가정해 보자. 그 씨앗이 사과나무 씨앗인지, 배나무 씨앗인지를 어떻게 알 수 있을까? 나무가 자라지 않아도 알 수 있는 방법은 '어떤 씨앗을 심었는가'를 아는 것이다. 어떤 씨앗을 심었는지를 알면 사과가 열릴지, 배가 열릴지를 알 수 있다.

　이처럼 좋은 대화를 나누려면 우리 내면에 먼저 좋은 씨앗을 심어야 한다. '말씨'에는 생명력이 있어 한마디로도 삶을 바꾸게 한다. **당신의 미래는 말 표현에 의해 결정된다.** 한마디 말씨의 위력이 우리 삶을 바꾸기에 충분한 힘을 지니고 있다는 것을 명심하라.

말 꿀

.

.

  중국의 책 〈여씨춘추〉에는 "말하는 소리만 들어도 그 사람의 풍모를 알 수 있고, 그 사람의 풍모를 보면 그 사람의 덕행을 알 수 있다"라는 말이 나온다. 또 "말은 꿀처럼 모든 것을 달라붙게 한다"는 말도 있다.

  링컨은 말의 매력을 잘 이용할 줄 아는 사람이었다. 그는 부단히 말과 연설에 대해 공부하였고 꾸준히 연습하여 듣는 이들에게 큰 감동을 주었다. 그의 말은 꿀이었다.

말

.

.

_ 정병태

춤추게 하고
상처를 치유하고
가르치고
신성하게 한다.

따듯하게 변화시킨 단어

．

．

　당신의 삶을 변화시킨 말이 있는가?

　말은 감정을 만들어 내고 행동을 만들어 내기도 한다. 그리고 그 행동으로부터 삶의 결과가 나온다. 말은 역사를 만들어 왔다. 그리고 말은 감동의 스토리를 만든다. 말로 인해 사상이 생겨났고 전쟁이 일어난다. 말로 유명해지기도 하며 말로 상처를 입히고 충격을 주기도 한다.

　자신과의 대화를 시도해 보자. 먼저 아래 예시된 단어 가운데 다섯 개를 적고 마음속으로 그에 맞는 그림을 한번 떠올려 보자. 그리고 기분이 어떤지 아주 천천히 나눠 보자.

　예를 들어, 「죽이다, 금지하다, 전쟁, 어리석다, 경고, 뚱뚱하다, 꼬시다, 미워하다, 잃다, 비판, 바보」 등.

　이번에는, 쉽게 떠오르는 긍정적인 단어 다섯 개를 아래에 적고, 연상되는 그림을 떠올려 보자. 어떤 기분이 들까? 저마다 천천히 생각해 보자.

예를 들어, 「사랑, 용기, 성공, 멋지다, 보상, 승리, 훌륭하다, 가정, 좋다, 주말, 친절, 안전하다, 초대하다, 행복하다」 등.

어느 단어로 떠올린 그림이 상상만 해도 나에게 활기를 주고, 웃음을 주고, 넘치는 에너지를 주었는가?

반면, 어느 단어가 떠올리기만 해도 사람을 화나게 하며 불안하게 하고, 분위기를 어둡게 만들었나?

내 삶을 따듯하게 변화시키는 단어에 집중하자.

힘차게 돌아오는 희망

．

．

내가 늘 입에 달고 사는 말이 있다.

"하는 일마다 잘될 것입니다."

이 책을 읽는 여러분들이 준비하고 계획한 일들도 더 잘 되기를 진심으로 희망한다.

성경 중에서 가장 오래된 기록으로 '욥기'를 꼽는다. 그중 한 말씀을 보자(욥 11:18-19). 희망을 전하고 있다.

"네가 희망이 있으므로 안전할 것이며 두루 살펴보고 평안히 쉬리라. 네가 누워도 두렵게 할 자가 없겠고 많은 사람이 네게 은혜를 구하리라."

나는 가장 호소력 있는 희망 경구로 다음의 라틴어 격언을 즐겨 꼽는다. 'spero spera.' 바로 '나는 희망한다, 너도 희망하라'라는 뜻이다.

'희망'이라는 말이 얼핏 평범한 상투어인 듯하나, 이 말을 좋아하는 진짜 이유는 따로 있다. '희망'은 기어코 귀환하기 때문이다. 아무리 눈앞이 칠흑 같고 절망적일지라도 희망은 어김없이 돌아온다.

독일의 사상가 에른스트 블로흐(Ernst Bloch) 역시 "인간은 끊임없이 희망을 품는 존재"라고 말했다. 셰익스피어도 "절망을 치유하는 명약, 그것은 희망밖에 없다"라고 말했다.

이제 내 입술로 희망만을 나발 부르리라. 부른 희망은 어김없이 내게로 돌아온다는 것을 알기 때문이다.

무심코 건넨 말

·

·

내가 오늘 무심코 건넨 말 한마디가 듣는 사람에게는 그의 일생에 영향을 미치는 말일 수 있다.

말에는 생명력이 있어 무심코 뱉은 말일지라도 살아서 움직인다. 말은 입 밖으로 나오는 순간부터 꿈틀거린다. 말이 몸속으로 들어가서 자리를 잡으면, 좋은 쪽으로든 나쁜 쪽으로든 막중한 영향을 끼친다. 누군가의 가슴에 박혀 인생을 바꾸기도 한다. 평생 벗이 되기도 한다.

'바보', '뚱보', '또야?', '무능해', '하지 마'는 상대방의 마음에 칼을 꽂고, 이는 곧 나에게 돌아온다. 반면에 '현명해', '눈이 초롱초롱하다', '스마트하네요', '정말 잘해요', '탁월하다', '괜찮아', '특별해'에는 원동력을 불어넣는 큰 힘이 있다.

… 행복하게 만들고 재밌게, 명랑하게 만들어 준다.
… 우울하게 하고 화나게 하고 마음을 아프게 한다.

다시 깨달았다. 무심코 내뱉은 한마디의 말이 한 사람의 인생을 바꿀 수도 있음을. 행복과 불행, 성공과 실패의 열쇠는 우리가 평소에 던지는 말 한마디에 달려 있다는 사실을 말이다.

사람은 매일 칭찬을 받아야 한다. 그러나 우리는 대부분 거의 칭찬을 받지 못하면서 살아간다. 게다가 부정적인 말은 아무리 예전에 들었다고 해도 마음속에서 쉽게 지워지지 않는다. 특히 가까운 사람으로부터 들은 좋지 않은 말은 더 크게 나쁜 영향을 끼친다. 가슴에 박힌 부정적인 말을 파내려면 그보다 수십 배 많은 긍정적인 말과 세월이 필요하다. 그러므로 오늘부터 누구에게든 격려의 말을 건네자.

무심코 건넨 한마디가 감정을 만들어 낼 뿐 아니라 구체적이고 적극적인 행동을 만들어 내기도 한다. 이 원리를 잘 아는 유대인 부모들은 자녀들이 큰 성공을 거두도록 긍정적이고 격려하는 말을 해 주었다.

놀라운 말의 치유력

．

．

얼마 전 독자로부터 급한 문자가 오더니 곧 전화가 걸려 왔다.

지금 눈이 흐려져 잘 보이지 않는다며, 병원에서도 치료할 수가 없다고 하는데, 교수님의 책을 보니 긍정의 말로 치유할 수 있다는 얘기에 한 가닥 희망을 잡는 심정으로 전화를 걸게 되었다는 것이다. 나는 즉시 말 치유법을 시행해 주었다. 말에는 치유력이 있음을 믿기 때문이다. 역사 이래 말은 온 세상을 움직여 왔고 앞으로도 기적을 만들 것이다.

말에는 우리의 생각과 환경을 지배하는 힘이 있다. 그래서일까. 미국 위스콘신 주의 한 병원에서는 말기 암 환자에게 실제로 말 치유법을 적용했고, 그 환자는 3주 후 진통이 말끔히 사라졌다. 환자의 암이 흔적도 없이 깨끗이 사라졌다는 임상 보고였다. 놀랍지 않은가.

신경외과 의사들조차도 뇌의 언어중추 신경이 몸을 지배한다고, 즉 말로써 몸이 변화됨을 주장해 왔다. 실제로 자녀들에게 "너는 바보천치야", "너는 멍텅구리다", "못났다", "얘, 너 바보니?", "여기서 나가 버려!"라고 매일 말한다면 과연 이런 말을 듣고 자란 아이가 어찌 바보 멍텅구리가 되지 않을 수 있단 말인가!

일상에서 무절제하게 쓰인 말을 들었다면, 이를테면 기를 꺾는 말, 비판적인 말, 극도의 울화, 비꼬는 말, 모욕, 마음을 상하게 하는 말, 남의 비밀을 폭로하거나 악의적으로 소문낸 부정적인 발언 등은 삶에서 언어폭력으로 작용한다. 예부터 우대사회의 가르침에서는 혀를 화살에 비유해 왔다. 한 번 쏜 화살은 아무리 나중에 후회를 한다 해도 다시 돌이킬 수 없다는 점 때문이다. 부정적인 말은 쏘아 버린 화살처럼 되돌릴 수 없는 상처를 초래할 수도 있기에 조심해야 한다. 그만큼 말의 영향력은 위대하다.

세상의 모든 기적의 에너지도 말 한마디에서 시작된다. 말의 힘은 우리의 상상을 훨씬 초월한다. **지금의 부정적 언어생활을 바꾸면 기적은 반드시 일어난다. 자신의 인격과 환경을 변화시킨다.** 놀랍게도 말은 치유력을 가지고 있으며 우리의 운명을 좌우하는 위대한 힘을 지니고 있다.

기억하자.

입으로 나간 말과 들은 말은 온종일 내게 남아 일한다는 사실을. 사랑스럽고 친절하며 아름다운 말은 삶을 즐겁게 할 것이며 성장으로 이끌어 갈 것이다. 말은 누구보다 역동적으로 일하기 때문이다. 그러므로 나를 위해, 당신을 위해, 상시 일하게 만드는 말로 채워야 한다. 말은 말(馬)처럼 반드시 일을 한다.

말은 강력한 치유력을 가지고 있다.

말 색깔

．

．

말은 목소리를 어떻게 사용하는가에 따라서도 그 의미와 분위기가 달라진다. 말하는 사람의 목소리가 의미와 정서를 전달하는 데 결정적 변수가 된다. 실험해 보자. 단음절 '오!(Oh!)'로 의미와 감정들을 전달해 본다.

말이 색깔을 지니고 있음을 알게 될 것이다.

오!　　연민　＿＿＿＿＿＿

　　　불신　＿＿＿＿＿＿

　　　경계　＿＿＿＿＿＿

　　　분노　＿＿＿＿＿＿

　　　기쁨　＿＿＿＿＿＿

예를 들어, 기쁨은 "오! 잘됐다!", 분노는 "오, 당신 바보야!"처럼.

표정

·

·

좋은 관계란 누구에게나 호감을 얻게끔 표현하는 처세에서 이뤄진다. 사람들에게 호감을 얻지 못하면 아무리 잘생기고, 실력이 있으며, 무언가 수행하기 전에 철저한 사전 준비를 했더라도 외면당하기 마련이다. 호감도가 관계에 미치는 영향은 이만큼이나 대단히 크다. 이를테면 호감도가 좋으면 능력까지 인정받고, 호감도가 나쁘면 능력마저 나쁘게 평가받기도 한다. 결국 보이는 첫인상이 무언(無言)의 소개장이다. 옷차림이나 표현으로 호감도를 높이는 일은 매우 중요하다.

당신이 옷차림, 걸음걸이, 자세, 표정, 제스처, 어조, 위치를 올바르게 하면 보다 설득력 있게 보일 수 있다. 이 모든 태도를 만드는 좋은 분위기와 성품은 자신의 부족한 점을 메우는 최고의 방법이기도 하다.

정말인데 표정만으로도 감정 소통이 가능하다.

"너 무슨 일 있어? 안색이 안 좋은데?"

"자네, 얼굴을 보아하니 집에서 무슨 일 있었나?"

"여자친구(남자친구)랑 싸웠나?"

"피곤해 보이는데, 어제 야근했나?"

이런 말은 직장에서, 친구에게서 흔히 들을 수 있는 말이다.

그 이유는 우리들이 사람의 표정만 보고서도 그 사람의 감정과 상태, 즉 분노, 행복, 슬픔, 혐오, 공포, 놀라움, 기쁨, 문제, 아픔 등을 분별할 수 있는 능력을 가지고 있어서다. 그만큼 우리 스스로의 인상도 조심해야 한다는 말이기도 하다. 우리가 보이는 표정들이 우리의 환경과 생활, 관계에 충분히 영향을 미칠 수 있기 때문이다. 그러므로 우리는 언제나 감정의 유발요인을 찾아내야 할 것이며, 훈련과 노력을 통해 자신을 잘 통제하며 다스리고 관리해야 할 것이다.

첫인상

.

.

심리학에서 '초두효과'는 먼저 제시된 정보가 나중에 제시된 정보보다 더 큰 영향을 미치는 현상을 말한다. 첫인상에서의 좋은 분위기는 자신의 진짜 처음이자 마지막 모습까지도 될 수 있다.

처음 주고받는 그 '첫마디'에 따라 일, 관계의 성공과 실패 여부가 좌우된다는 결과도 있을 정도이다. 따라서 첫인상과 이미지를 어떻게 경영하느냐에 따라 나의 인품도 결정된다고 볼 수 있다.

첫인상이란 그 사람의 심성, 즉 내면의 모습이 밖으로 드러나는 일이다. 내면에 있는 것이 밖으로 나오므로 반드시 훈련과 연습을 통해야 예쁘고, 아름답고, 곱고, 우아하고, 능력 있고, 바른 것들이 나온다.

첫인상의 얼굴에서 풍기는 밝고 환한 모습은 그 사람의 건강 상태를 직간접적으로 나타내기도 한다. 밝게 웃는 얼굴은 곧 내면의 오장육부가 건강하고 신체의 모든 세포와 기능들이 아주 정상적으로 작동되고 있다는 의미이다. 정신 또한 맑다는 뜻이다. 건강한 나무가 머지않아 열매를 맺고 주변에 유익을 주듯이 첫인상이 밝고 웃음이 넘치는 사람은 주변에 많은 유익을 주는 사람일 것이다.

질문

·

·

　주의를 끌며 원하는 것을 이끌어 내는 좋은 질문 기술을 배워야
한다. 대화의 현장에 가 보면 일방적으로 자기 얘기만 늘어놓는 사
람이 많다. 그들에게는 창의적인 생각과 여유가 없다. 논리적인 사
고와 명확한 계획, '왜?'에 대한 관찰력과 호기심이 없어서이다.

　좋은 질문 기술은 사람들의 주의를 끌어내며 원하는 것을 얻도
록 한다. 소크라테스는 "믿기진 않겠지만 인간이 지닌 최고의 탁월
함은 자기 자신과 타인에게 질문하는 능력"이라고 말했다. 어느 직
종에 종사하든 질문을 잘하는 기술을 익힌다면 곧바로 혜택을 얻
을 것이다.

　〈정글북〉으로 유명한 영국의 소설가이자 시인, 노벨문학상 수상
자인 루드야드 키플링은 〈바로 그런 이야기들〉에서 "내게는 여섯
명의 정직한 하인이 있었다. 그들은 내가 알고 싶어 하는 모든 것을
가르쳐 주었다. 그들의 이름은 '어디, 무엇, 언제, 왜, 어떻게, 그리
고 누구'다"라는 말을 남겼다.

　질문이 이야기를 탄생시켰다.

울림의 말 쓰기 학교

.

.

언어로 아름다운 집을 짓겠다. 아침 시작의 말은 "좋은 하루 되세요", "감사하며 사랑합니다", "건강하세요"이다.

이토록 많은 말을 하며 살아가는데 왜 우리는 굳이 품격이 떨어지는 저속한 말, 자기중심적이고 무례한 말을 할까?
나는 답을 알고 있다. 매일 언어 연습을 하지 않기 때문이다.

그래서 나도 다시 맑고 고운 말 쓰기 학교를 열었다. 일상생활에서 끝없이 노력하는 언어생활을 하려고 말이다. 이제 하루하루 퇴근길 위에서 고운 말 쓰기 학교에 가련다.

우리는 날마다 많은 말을 하고 들으며 산다. 나는 말 덕분에 많은 보람과 기쁨을 맛보며 살아왔다. 많은 말도 하였다. 그런데 울림이 있는 말은 그리 많이 사용하지 못했다. 나를 보면 노력하는 데도 매일의 언어생활이 때론 형편없다. 곱고 적절하지 못한 날도 있다. 너무 피상적이고 겉도는 말을 하기도 한다. 깊이도 없고 울림도 없다. 죽을 때까지 계속해야 할 공부 중의 하나가 '말 쓰기' 학습이다. 그래서 스스로 평생 공부하는 말 쓰기 학교를 만들었다.

이제 무엇보다 험담과 헛된 소문을 실어 나르지 않으련다. 사랑의 말과 좋은 말만 쓰련다. 어떤 경우에도, 상대의 인격을 깎아내리거나 무시하는 말은 사용하지 않겠다. 절대 남을 헐뜯거나 비아냥거리는 말투는 안 쓰겠다. 독단적이고 편협한 말을 내뱉지도 않겠다.

대신 위로 표현에 능숙한 자가 되련다. "좋았어요", "힘을 내세요", "곧 좋아질 거예요", "멋져요!"

다시 말하지만 "싫다", "지겹다", "못한다"라는 나도 듣기 싫은 말을 사용하기보다는, "고맙다", "사랑한다", "반갑다", "할 수 있다"라는 말로 힘차게 시작하련다.

한마디 말이 나를 키운다.

어휘 그릇

어떤 도둑이 멋진 카페트를 훔쳐 와서는 친구에게 자랑하였다.

"어때? 정말 멋진 카페트지?"

친구가 살펴보더니,

"멋지고 고급스럽다. 이 정도면 최고 가격에 팔 수 있겠는걸!"

"나도 그렇게 생각해. 자, 빨리 가서 팔고 와야지."

도둑은 장물 도매상에게 카페트를 가져가 팔았고, 의기양양하게 돌아왔다.

"친구야, 나 카페트 최고가에 팔았어."

"잘됐네. 그래, 얼마에 팔았어?"

"응, 내가 최고가를 불렀지, 백 루피."

"뭐? 겨우 백 루피?"

그러자 도둑은 이렇게 말했다.

"겨우 백 루피라니? 백보다 더 큰 숫자가 또 있단 말이야?"

도둑은 백 이상의 어휘가 있다는 사실을 몰랐던 것이다.

우리도 어휘 그릇이 작으면 삶에 제약을 받을 수 있다는 이야기다. 그러므로 상상력이 무한하다는 말은 달리 말해 어휘 그릇이 크다는 의미이기도 하다.

　요즘 사람들의 대화를 들어 보면 표현력이 많이 부족하다는 것을 알 수 있다. 심지어 학교에 어휘를 배우는 수업이 없다고 한다. 물론 깊은 토론 등의 이야기를 할 기회도 부족하다. 그래서 나는 말에 주의를 기울이고 제대로 말하는 방법을 다시 배워야 한다는 생각이 들어 이 책을 준비하게 되었다. 상상력과 어휘력도 갖추고 표현력과 창의력을 키우는 일의 중요성을 강조하고 싶어서이다. 늘 쓰는 말도 다시 배워야 한다.

　이 책이 마무리되면 다시 말 배우기 수업을 진행하려고 한다. 특히 어른들을 대상으로 말이다.

경고

.

.

내가 좋아하는 시인인 요한 볼프강 폰 괴테(Goethe)를 소개할까
한다. 괴테는 독일의 대문호 작가이자 철학자이면서 동시에 과학자
다. 독일이 낳은 천재 중 한 명으로 불린다. 아버지 요한 카스파르
괴테는 평민 출신이지만 꽤 규모가 큰 세탁업 공장을 운영했다. 괴
테는 유복한 집안에서 태어나 고등교육을 받고 왕실고문관의 자리
까지 올라갔다. 평민층으로서는 엄청난 출세를 거둔 사람이었다.

괴테의 대표작으로 그의 나이 겨우 25살에 〈젊은 베르테르의 슬
픔〉(1774)을 발표했는데. 그 작품 하나로 평생 먹고사는 데 지장이
없을 정도로 유럽에서는 유명세를 떨쳤다. 그의 인생을 건 〈파우
스트〉란 대작도 있지만 말이다. 다음 괴테의 시 '경고'를 읊어 보자.

경고 / 괴테

어디까지 방황하며 멀리 갈 셈인가?
보아라, 좋은 것은 여기 가까이 있다.

행복을 찾는 법을 배워라.

행복은 늘 당신의 곁에 있다.

'경고'라며 "행복을 주변에서 찾으라"는 괴테에게서 우리는 삶의 고통 그 자체뿐만 아니라, 이를 통해 성장하고 성과를 만들어 내는 실질적인 교양을 배울 수 있어야 한다.

시집

．

．

요즘도 시집 읽기를 즐긴다. 누군가로부터 시집을 받을 때면 행복하다. 시를 읽고 따라 쓰는 것이 참 재미있다. 종종 영글지 않은 몇 줄의 시구를 써 보기도 한다.

시바타 도요(しばたとよ)는 99세에 첫 시집 〈약해지지 마〉를 발간했다. 이 첫 시집 출판 후 100만부 이상이 팔렸다.

그의 시 한 구절은 나의 마음을 오랫동안 사로잡았고, 그 울림과 지금도 함께 하고 있다. 마음이 따듯해지는 시다. 감사할 것들이 너무도 많아 행복해진다.

약해지지 마 / 시바타 도요

꿈은
평등하게 꿀 수 있는 거야
(생략)

나도 괴로운 일

많았지만

살아 있어 좋았어

너도 약해지지 마

말 / 시바타 도요

무심코

한 말이 얼마나 상처 입히는지

나중에 깨달을 때가 있어

그럴 때

나는 서둘러 그이의

마음속으로 찾아가 미안합니다

말하면서 지우개와 연필로

말을 고치지

울림을 주는 말은 시적이다. 언어로 운명을 빚으려면 손에 시집을 들고 다니면서 시를 읽고, 시를 써 보자. 시집을 읽고 즐기는 사람들은 성공을 부르는 언어를 사용한다.

오늘부터 시집을 읽자. 시를 적자. 그리고 읊어 보자. 우리 모두는 가까운 미래의 시인들이다.

광각렌즈

.

.

곰곰이 생각해 보자. 애꿎은 타인에게 막말로 쏘아붙인 적은 없는가?

그의 마음에 지워지기 힘든 얼룩을 남기지는 않았는가?

꼭 필요한 말만 했는가?

한마음으로 말하고 행했는가?

듣기는 속히 하고 말하기는 더디 했는가?

타인을 비하하거나 경멸하거나 절망을 주는 말로 짓밟지는 않았는가?

내가 경험하지 않은 것을 진실이라고 우기지는 않았는가?

다툼을 일으키는 말을 하지는 않았는가?

지금 결심해 보자. 절대로 타인을 비방하지 않고 나의 성취를 자랑하지 않겠다고. 언제나 친절한 마음으로 바르고 고운 언어를 사용하겠다고 말이다. 절대로 투덜대지 않겠다고, 정직하지 않은 말은 사용하지 않겠다고 결심해 보자. 그리고 주변에 도움이 필요한 사람이 있다면 그를 위해 격려의 말을 나눠 주고 그를 위해 기도해 주자.

스스로의 말을 광각렌즈를 통해 들여다보자. 같은 거리에서도 더 넓게 볼 수 있는 광각렌즈를 통해 보면 자신을 좀 더 객관적으로 볼 수 있다. 내 속에 언어의 찌꺼기가 얼마나 많은지, 마음의 정화가 왜 필요한지 알 수 있을 것이다.

말의 기술 배우기

설득의 기술

율리우스 2세의 청으로 바티칸 궁에 있는
4개의 방에 그렸던 그림들 가운데 하나인
이 프레스코는, 플라톤과 아리스토텔레스를 중심으로 모인
고대 그리스 철학자들을 모델로 삼아 그렸다.

라파엘로, <플라톤과 아리스토텔레스> '아테네 학당'의 세부, 1510-11년

좋은 농담

.

.

우스갯소리겠지만, 직업별로 듣기 싫은 말이 있다고 한다.

의사가 듣기 싫어하는 말은 무엇일까?
- "병 고치지 않고 그냥 앓다가 죽겠다."
치과의사가 듣기 싫어하는 말은 무엇일까?
- "이 없으면 잇몸으로 산다."
한의사가 듣기 싫어하는 말은 무엇일까?
- "밥이 보약이다."
학원 강사가 듣기 싫어하는 말은 무엇일까?
"하나를 가르치면 열을 안다."

이처럼 좋은 농담은 언제나 사람들을 주목하게 만들고, 부정적인 기운을 부순다. 우리를 웃게 한다. 좋은 농담은 유연한 삶의 연료로 작용한다. 내가 하는 말이 좋은 농담으로 세상에 깃들 수 있도록 연습해 보자. 이 책이 여러분의 삶에 좋은 농담처럼 스며든다면 바랄 것이 없겠다. 웃음 짓는 데 보탬이 되길 바라며 글을 썼다.

상상력

미국의 성공론에는 '이미 무엇 무엇인 것처럼 행동하라'는 사고 방식이 있다. 이미 가지고 있듯, 이미 성취한 사람인 듯 행동하라는 의미이다.

성공을 부르는 생각과 말에는 상상의 힘이 중요하다. 자기암시의 세계적 권위자인 에밀 쿠에(Emile Coue)라는 프랑스 약사는 자기암시에 관해 다음과 같은 법칙을 정립했다.

- 의지와 상상력이 싸우면 반드시 상상력이 이긴다.
- 의지와 상상력이 일치하면 그 힘이 더욱 커진다.
- 그리고 상상력은 원하는 만큼 키울 수 있다.

요약하자면, 무언가를 성취하기 위해서는 의지보다 상상력을 넓히는 것이 더 도달하기 쉽다는 것이다.

그럼 상상력을 어떻게 넓혀 나갈 수 있을까?

상상력은 무한해 보이지만 실은 자신의 경험, 정보, 지식 등으로부터 생겨난다. 무한한 상상력 같아도 넓혀 가는 데 제한을 받는다는 의미이다. 이렇듯 **제한된 상상력을 넓히기 위해서는 우선 어휘력이 풍부**해야 한다.

어휘는 언어체계에서 사용하는 말로서 한 개인의 의식을 구성한다. 여기저기 흩어진 어휘들을 엮어서 말이 만들어진다. 그래서 상상력이 풍부한 사람들은 어휘력도 풍부하다. 어휘가 풍부하면 말의 질이 높아진다. 반면 어휘력이 부족한 사람은 말의 질이 낮다.

어휘력을 증가시키는 방법으로는 독서를 통해 인문학적 사고를 늘리는 것이다. 동시에 상상력도 풍부해진다. 이러한 연습들로 어휘력이 점점 풍부해지게 된다.

미국의 하버드 대학에서 조사한 결과를 보니 성공한 사람은 모두 사용하는 어휘가 풍부하다고 한다. 어휘력이 풍부해야 같은 책, 신문이나 잡지를 읽어도 더 잘 이해하며 정보를 분석하고 해석, 판단하는 힘이 강해진다.

정보의 출처

·

·

개인적인 의견이라고 하면 귀 기울여 듣지 않던 사람도 이야기의 출처나 유명한 연구자의 이야기라고 하면 주목하며 귀를 열고 받아들일 가능성이 크다.

"세계적인 잡지 〈타임스〉에 실린 내용인데…"

"서울대 심리학 연구팀이 밝혀 년 조사에 따르면…."

"미국 16대 대통령 링컨이 말하기를…."

"오늘 9시 뉴스에서 말했는데…."

"한국식품유통학회지에 실린 논문에 의하던…"

"서울의료원에서 발표한 자료에 따르면…."

공감적 수업

.

.

대화에 주목시키는 소통을 제대로 하기 위해서는 질문에 능해야 한다. 대체로 갈등은 개인이나 조직의 속성이나 소통방식을 잘 모르기 때문에 발생한다. 당신의 문제에 관심을 가지고 있다는 표시, 공감을 형성하는 일의 기본 역시 질문에서 비롯된다. '무엇을', '어떻게'와 그로 인한 결과를 질문해야 한다.

그래서 나의 수업은 조금 차별화된 방식으로 진행된다. 질문과 읽기, 나눔, 그리고 공감적 수업으로 전개된다. 이는 유대인의 수업 방식 중 '하브루타'에서 가져왔다. 둘씩 짝을 지어 서로 질문을 주고받으며 대화, 토론, 논쟁하는 것을 말한다. 유대인들은 이 교육을 통해 이미 유치원 때부터 '질문식 언어'를 습득하게 된다.

산파적 대화법

*

*

소크라테스식 대화법을 '산파적 대화법'이라 부르기도 한다. 고대 그리스의 철학자 소크라테스가 논변을 나누던 중 트라시마코스라는 청년과 만나서 대화를 나눈다.

소크라테스 : 자네 기분이 어떠한가?

트라시마코스 : 우울합니다.

소크라테스 : 우울하다는 것은 무엇인가?

트라시마코스 : 침울하다는 것입니다.

소크라테스 : 침울하다는 것은 무엇인가?

트라시마코스 : 기분이 더럽다는 것입니다.

소크라테스 : 기분이 더럽다? 그것은 무엇인가?

트라시마코스 : 모르겠습니다.

소크라테스 : 그래. 자넨 그래도 낫네. 자네가 모른다는 것을 알고 있지 않은가?

이런 식으로 소크라테스는 대화의 문답을 통해 스스로가 무엇을 알고 모르는지를 알려 주었다. 소크라테스식 대화법은 비판적 사고 과정을 통해 생각을 자극하고 리드해 가는 방식으로, 스스로의 사고를 더 의식화하고, 정교화하고, 발전시키며, 평가해 가도록 하는 데 목적이 있었다.

일상에서 소크라테스의 대화는 마침표나 느낌표로 끝나는 법이 없었다. 소크라테스가 아폴론 신전 근처를 서성이다가 총명해 보이는 청년과 대화한 내용의 일부이다.

> **소크라테스** : 민중이란 누구인가?
>
> **청년** :　　　가난한 사람들을 말합니다.
>
> **소크라테스** : 가난한 사람이란 어떤 이들이지?
>
> **청년** :　　　항상 돈에 쪼들리는 사람들을 말합니다.
>
> **소크라테스** : 부자들도 항상 돈이 부족하다고 아우성이다. 그렇다면 부자도 가난한 사람이 아닐까?
>
> **청년** :　　　그렇게 볼 수 있겠지요.
>
> **소크라테스** : 그렇다면 민중이 주체가 된다는 민주주의는 가난한 사람들의 정치체제인가, 부자들의 정치체제인가?
>
> **청년** :　　　"……."

절로 무릎을 딱 치도록 한다. 교사인 '산파'가 임산부인 '학생'을 대신해 아이를 낳아 줄 수는 없는 법이다. 아이를 낳을 때 옆에서 도와주는 산파처럼 사람이 깨달음을 얻도록 질문을 통해 도와줄 뿐이다.

큰 깨달음이다. **좋은 대화는 좋은 질문으로부터 시작된다.** 질문의 힘은 모든 영역에서 필요하다. 좋은 질문은 상대와 교감하여 친밀한 관계를 형성하게 한다. 이 같은 '질문 대화'에 능하기 위해서는 기존의 사고를 바꾸어 문제를 호기심으로 바라보아야 한다. 즈의해야 할 점은 질문할 때 꼬치꼬치 캐묻고 참견하는 것이 아니라, 상대방에 대한 열린 마음으로 관심을 보여야 한다.

소크라테스의 산파적 대화를 나누기 위해서는 인내하는 기다림이 필요하다. 상대방이 먼저 말하고 생각하고 읽고 토론하도록 흥미를 던져 주어야 한다. 질문으로 말이다.

3분법

·

·

지금부터 하는 이야기는 재미없을 수도 있지만 인내하며 읽어 주기를 바란다. 이론을 이해하는 데 매우 중요하기 때문이다.

성경에서는 "태초에 말이 있었다(요 1:1)"라고 말한다. 이는 하나님께서 말로써 세상을 만들었다는 의미이다. 또, 하나님이 말로써 세상을 만들었듯 말은 언어의 구사술(驅使術)이기도 하다. '구사한다'라는 말은 '솜씨, 기교를 멋대로 나타낸다'라는 뜻이다.

아리스토텔레스는 일찍이 3분법을 들어 설득을 설명하였다. 바로 로고스, 에토스, 파토스이다. 3분법은 3막극으로 치면 '발단 → 상승(전개·위기) → 해결(결말)'로 전개된다.

사람을 설득하는 성공적인 설득을 위해서 아리스토텔레스는 이 3요소가 필요하다고 말했다.

- **로고스** : 논리적인 설명, 설득, 변론
- **에토스** : 말하는 이의 성품, 인품에 의한 것
- **파토스** : 듣는 이의 감정, 정념에 호소하는 것

딱딱하고 논리적인 수사학을 설득술로 정착시킨 아리스토텔레스는 설득의 과제를 다음의 3영역으로 분류했다.

 '설득 입증법', '수사 표현법', '배열법(서언, 논지, 설득 입증, 결어)'.

 그런가 하면 철학자이자 로마공화정 말기에 활약한 변론가로 정치계에 몸을 던진 키케로(Cicero)는 변론가의 3대 의무로 '논증하기'와 '마음에 끌리기'와 '감동시키기'를 주장하였다.

5분법

·

·

키케로는 설득을 5분법 전개로 다음과 같이 설명한다.

- **발상** : 발상론 (전할 바를 찾아낸다.)
- **배치** : 구성론 (찾아낸 것을 차례로 세운다.)
- **수사** : 표현론 (말로써의 장식을 입힌다.)
- **기억** : 기억론 (기억력에 의지한다.)
- **발표** : 연기론 (배우처럼 변론을 연출한다. 몸짓과 말솜씨 등.)

이러한 대화의 틀을 가지고 대화나 설득을 해야 제대로 먹힌다. 설득의 기술은 그냥 주어지는 것이 아니라 배우고 익혀야 한다. 그리고 실전에서 써 볼수록 더욱 날카로운 말이 된다.

열의와 감성

·

·

누군가를 설득할 때 열의가 없고 상투적인 말로는 절대 호응을 얻을 수 없다. 이를테면, "이렇게 정기 모임에서 인사말을 할 수 있어 큰 영광으로 생각합니다"라는 말에는 큰 열의가 없어 보여 흥미를 끌 수 없다. 상대를 주목시키고자 하는 기술, 표현 방식을 다루는 기술이 필요하다. 우선, **청중에게 영향을 미치기 위해서는 정보보다 감성이 중요하다.** 상투적인 표현보다는 열의 넘치는 감성이 들어간 말투가 좋다.

특히 상투적인 표현으로 설득을 시작하면 더 지루하다. 암기한 내용이나 사실, 숫자, 정보만 건조하게 나열하듯이 말하는 경우도 마찬가지다. 맺음말도 같다. 상투적인 말로 끝내면 청중에게 어필할 수도, 감동을 줄 수도 없다.

만약 도입부에서 청중들의 흥미와 호감을 얻었다면 이미 청중의 마음을 얻는다는 소통의 첫 번째 목표는 달성한 셈이다. 이제 설득하기만 하면 된다. 쉽고, 간결하고, 빠르고, 흥미롭게 말하면 좋다.

전문 용어나 어려운 어휘는 피하고 복잡하게도 말하지 말라. 흥미와 감동을 주는 말은 복잡하지 않다. 짧은 단어로 구성하여 짧게 끊어서 말하라. 여기에 질문, 의견 묻기, 스토리, 신선한 정보 등으로 청중이 적극적으로 이야기에 참여할 수 있도록 이끌어라. 내 말을 많이 하기보다는 질문, 의견 묻기, 물음표(?), 느낌표(!)의 문장을 적극 사용하라. 절대로 길게 말하지 말고 간단명료하고 흥미롭게 말하라.

사례나 비유를 활용하는 것이 이론적인 설명을 10분 동안 하는 것보다 훨씬 많은 흥미를 유발한다. 에피소드, 이야기, 유머, 경험담 등의 보조 수단을 사용하고, 이때 적절한 목소리, 제스처, 시선 처리, 방향 전환, 자세 또한 반드시 필요하다. 지금부터 구체적으로 하나씩 살펴보겠다.

어떻게

.

.

얼마 전 기억나는 한 발표자의 모습이다. 그는 경직된 모습으로 말도 전혀 자연스럽게 하지 못했다. 사람들과 시선 교류도 없었고, 목소리는 개미 소리처럼 작았다. 그 어디에서도 자연스럽고 편안한 인상을 찾을 수 없었다.

이야기를 듣는 사람이 피곤하고, 지루해지고, 주목할 수 있느냐 없느냐는 발화자가 '무엇을 말하는지'가 아니라 '어떻게 말하는지'에 따라 좌우된다. 내용도 중요하지만 표현법은 더 중요하다.

말할 기회가 오면 간결하지만 와닿는 말을 해야 한다. 흥미를 주며 역동적으로 전해야 한다. 상대의 눈을 다정스럽게 바라보며, 분명하고 명확한 어조로 말해야 한다. 표현은 쉽고 생생한 어휘를 써야 한다.

어떻게 전달할 것인가? 내용은 좋은데 공감적 반응을 얻지 못했다면, 전달력에 문제가 있는 것이다. 우리가 상대에게 남기는 인상은 목소리, 제스처, 시선 교류 등의 표현 방식에 의해 최고 93%까지 결정된다.

에피소드

.

.

실제로 있었던 사건이나 실제상황을 떠오르게 만드는 에피소드를 소개하면 실감 나게 말을 풀어 나가기가 좋다. 청중의 이해를 도울 수 있는 사례, 예화들을 잘 활용해 보자.

"다음과 같은 예를 들어 보겠습니다."
"어제 경험한 얘기입니다…."

이에 청중은 귀를 기울이고 주목한다. 사례는 이해를 돕는 구체적인 보조 수단이기 때문이다.

또, 주제와 관련된 짧은 경험담과 이야기에 청중이 주목할 수밖에 없는 이유가 있다. 청중들은 정보 대신에 마음에 와닿는 의미있는 이야기를 필요로 한다. 실화를 인용해서 이야기체로 시작하면 청중의 마음을 사로잡을 수 있다.

유머

    배려가 서려 있는 농담이나 유머는 우리 삶에 활력을 불어넣어 준다. 서로의 소통에 다채로운 맛을 더하는 양념 역할을 한다. 적당한 유머는 삶의 경직성을 유연성으로 바꾸어 준다. 획일성을 창의성으로 바꿔놓기도 한다.

    유머는 분위기를 푸는 데 도움을 준다. 유머 감각이 있는 사람은 어떤 분야에서든지 인기인으로 통한다. 유머 감각을 높이려면 사고방식을 바꾸어야 한다. 좋은 유머 활용은 말과 분위기를 더욱 빛나게 도와준다. 그러나 상대의 약점이나 외모, 성격의 어떤 면을 농담으로 은근히 빗대어 말하거나 비아냥거리는 말은 하지 않아야 한다. 언제나 타인의 장점을 찾고 칭찬하는 일을 습관화한다.

시각 언어

.

.

청중 앞에서 말할 때 시각적인 보조 도구는 창조성을 발휘하는 매우 특별한 효과를 갖고 있다. 인간의 오감 중 가장 민감한 감각이 바로 '시각'이다. 핵심 내용을 담은 이미지는 강한 인상을 심어줌으로써 내용을 설득하는 데 힘을 실어 준다.

결국 '무슨 말을 하느냐'도 중요하지만 그 내용을 말할 때 상대에게 '어떻게 보여지느냐'도 실질적으로 중요하다. 청중들은 내용 이상으로 그의 제스처, 미소, 유머, 태도 등을 더 인상적으로 기억한다. 시각적 언어 말이다.

이상적인 목소리

．

．

　말을 할 때 기어들어 가는 목소리는 청중을 답답하게 만든다. 문장이 뭉뚱그려져서 전달력이 매우 떨어지는 엉겨 붙는 목소리, 말끝이 갈라지며 지나치게 높은 톤의 목소리, 불안하게 떨리는 목소리, 너무 나지막한 목소리나 단조롭고 지루한 목소리 등은 전달력을 떨어뜨린다.

　이상적인 목소리는 강하면서도 명쾌한 목소리다. 역동성을 나타낼 수 있는 목소리이다. 그러기 위해서는 어조에 변화를 주고, 갈끝을 흐려서는 안 된다. 또박또박 발음하고, 가능한 분명하고 쉬운 언어로 말한다. 또한 짧은 문장이 좋다.

듣기에 편한 목소리 만들기

.

.

목소리는 외모 못지않게 중요한 경쟁력이다. 좋은 발성과 발음, 목소리의 기준은 다 다르겠지만 듣기 편한 목소리라야 내용도 잘 전달된다. 말하는 사람도 편하다. 듣기 편한 목소리를 내고 싶다면, 입과 코 주변의 공명소리를 집중적으로 훈련해야 한다. 울림이 있는 소리를 내면 듣는 사람은 편안함과 신뢰감을 느낀다.

우선 몸과 마음을 다듬고, 자세를 바르게 한다. 허리를 바르게 세우고 목을 세우고 턱을 앞으로 내민다. 숨을 깊게 들이킨다. 그리고 천천히 내뱉는다. 즉, 호흡을 고르게 한다. 마음을 고요하게 한다. 생각한 것을 입 밖으로 소리 내어 읽거나 말한다. 의미 단위로 끊고, 강약고저 단어를 결정하고, 입 모양을 정확하게 한다. 그리고 리듬감을 실어 읽는다.

얼마 후 자연스럽게, 가장 듣기 편한 목소리로 말하게 된다.

몰입시키는 법

·

·

소통 시 상대방을 집중하게 만드는 가장 좋은 방법은 상대방 중심의 단어로 이야기를 시작하는 것이다. 때론 상대방의 호칭을 귀하게 부른다. 이때 목소리는 긍정적이고 상황에 맞도록 연출해야 한다. 리드미컬한 운율로 말한다. 말의 속도와 톤을 낮추어 중저음으로 말한다. 크고 힘 있는 목소리를 연출한다. 이때, 전문성과 신뢰감을 주도록 한다.

긴 문장을 말하거나, 열정적인 소리를 내기 위해서는 호흡이 길어야 하는데 복식호흡이 필요하다. 깊은 호흡에 감정을 실어 말한다. 그러면 시작부터 상대를 몰입시킬 수 있다.

시선 처리

·

·

시선 처리는 소통 시 가장 중요하며 필수적인 요소이다. 말할 때
는 반드시 상대방의 눈을 바라보면서 말해야 한다. 시선 교류를 통
해 청중의 반응을 살피고 영향력을 높일 수 있어서다. 그리고 발화
자의 자신감이 전달되어 상호 신뢰가 생긴다. 상대방과 눈을 마주
치는 아이 컨택(eye-contact)은 관심의 신호다. 얼굴을 응시하면서
말을 하면 청중과 더욱 친밀한 느낌을 형성할 수 있다.

제스처

．

．

　바디랭귀지 연구의 선두 주자인 앨버트 메라비언(Albert Mehrab-ian) 교수는 인간이 의사소통 하는 데 입으로 하는 말이 차지하는 부분은 7퍼센트 정도에 불과하고 목소리의 높이, 음색, 억양 등 음성이 38퍼센트, 그리고 태도, 표정, 제스처 등 비언어적 신호가 55퍼센트를 차지한다는 사실을 밝혀냈다.

　제스처는 신체언어다. 여기에는 표정과 움직임, 역동성과 활력, 자세, 청중에 대한 영향력도 포함된다. 강조하면서 말하기나 말하면서 청중 바로 앞까지 다가서거나 청중 사이에 섞이기 등으로 표현할 수 있다. 좋은 인상을 주기 위해 노력하고 종종 웃을 수 있다면 분위기는 훨씬 나아질 것이다.

　손은 제2의 입이라고 할 수 있다. 스피치를 할 때는 손의 움직임이 필수적이다. 입으로 하는 말과 의미에 브합되는 손동작이 합쳐지면 아주 좋은 시너지 효과를 낼 수 있다.

좋은 손 제스처

.

.

1. **양손을 양 옆으로 펼쳐 보인다**
   - 의미 : 함께, 같이, 모두, 전체의 의미이다.
     청중과 쉽게 친해지는 느낌을 끌어낼 수 있다.

2. **양손을 가슴 아래에서 마주잡는다**
   - 의미 : 감사함, 소망, 의지, 정성 등의 의미이다.
     공손하고 예의 바른 느낌을 전해 준다.

3. **양손을 목 높이에서 마주잡는다**
   - 의미 : 결심, 단호함, 동참, 투지 등을 나타낸다.
     열정에 찬 사람이라는 느낌을 갖게 한다.

4. **양손을 위를 향해 편 다음, 배에서 가슴 높이까지 올린다**
   - 의미 : 성장, 향상, 희망을 의미한다.
     진실, 의욕적임, 차분함 등의 느낌을 준다.

5. **오른손을 주먹 쥐고 눈높이까지 올린다**
   - 의미 : 도전, 결심, 자신감, 의지, 희망, 목표 달성을 의미한다.

꿀 공식 3가지

지금까지의 이야기를 정리해 보겠다.

사람들은 사실이나 진리보다는 이야기를 더 좋아한다. 그래서 예화나 유머를 인용해서 이야기체로 시작하면 청중의 마음을 사로잡을 수 있다. 기회가 주어질 때마다 경험한 예화, 에피소드, 유머를 나누는 대화 훈련을 해 보자.

말 잘하는 최고의 공식 3가지를 말씀드린다면, 첫째, 쉽고 간결 **명료하고 흥미롭게 또박또박** 말하는 것이다. 둘째, 청중에게 호감을 주는 **사례, 에피소드, 이야기**, 유머, 통계, 경험담 등으로 깊은 인상을 심어 주는 것이다. 셋째, **표현, 제스처, 시선 처리** 등의 보조 수단을 적절히 활용하는 것이다.

이 세 가지 공식이 기술로 발휘되기 위해서는 부단한 훈련을 해야 한다.

런(learn) 소통

·

·

어느 날 한 기업의 CEO가 찾아와 어떻게 하면 회사의 어려움을 극복하고 성공으로 이끌 수 있겠느냐고 물었다. 나는 서슴없이 말했다. 소통의 기술이 없으면 어떤 회사든, 조직이든 성장할 수 없다고 말이다. 모든 관계에서 소통이 가장 중요하기 때문이다.

지금 여러분의 조직이나 회사가 사활을 걸어야 할 일은 무엇인가?

제대로 된 소통은 사람의 마음을 사로잡고, 의견을 설득력 있게 전달하게 한다. 또한 사람들에게 깊은 인상을 심어 주고, 현명하고 자신감 넘쳐 보이게 돕는 강력한 비장의 무기다.

삶의 여러 중요한 순간에 여러분은 소통의 기술로 큰 영향력을 발하며 주도적으로 센스 있게 살아가야 한다. 삶을 관찰해 보면 단순 행동이나 학벌이 아닌 말로 결정적인 순간 큰 결과가 정해지는 경우가 허다하다. 말 한마디로 계약을 할지 말지, 고객을 잃을지 얻을지, 수가 통할지 막힐지, 든든한 지원군을 확보할지 영원한 원수가 될지가 결정된다.

성공한 이들의 공통점은 하나같이 소통에 강했다. 케네디, 빌 클린턴, 버락 오바마, 잭 웰치, 셰릴 샌드버그 등 세계적인 정치가와 CEO들은 스피치에 주목했으며, 커뮤니케이션 방법을 따로 배웠다. 왜냐하면 그들이 상대의 말을 제대로 듣고 정확하게 표현하는 기술이 성공으로 가는 가장 빠르고 분명한 길이라는 사실을 먼저 알았기 때문이다. 뛰어난 소통 전문가들에게는 두 가지 공통 요소가 있었다.

- 첫째, 그들은 누군가에게서 배웠다.
- 둘째, 더 나아지기 위해 끊임없이 배웠다.

런(Learn) 소통은 운동 근육과 같아 배우기만 하고 갈고닦지 않으면 절대 탄탄해지지 않는다. 다양한 실전 경험을 통해 근육에 새로운 기억을 차곡차곡 쌓아야 한다. 전과 달라지는 데엔 학습과 연습이 필요하다. 그것이 명품(名品) 전달자가 되는 최선의 방법이다.

- 어떻게 해야 자신감 있게 말할 수 있을까?
- 중언부언하지 않고 간결하게 말하는 방법은 없을까?
- 목소리를 더 카리스마 있게 내려면 어떻게 해야 할까?
- 말하는 동안 손은 어디에 둬야 하는 걸까? (제스처)

떨림 극복

.

.

여론조사에서 인생에서 가장 두려운 순간을 물었더니 여전히 1
위는 죽음이었고, 2위는 바로 사람들 앞에서 말하기였다. 대부분
의 사람들은 사람들 앞에서 말하는 걸 상당히 불안해한다. 심지어
공포감을 느끼는 사람도 있다.

떨림, 불안, 공포, 긴장의 사전적 의미를 생각해 보면 사람들 앞
에 서는 일에 대한 흥분과 긴장 상태로 정의된다. 이는 실패에 대
한 두려움 때문이다. 즉, 기대가 높은 사람일수록 공포도 크다. 완
벽을 추구하거나 작은 실수에도 못 견뎌 하는 사람들도 큰 공포를
느낀다. 반면, 잘하건 못하건 별로 상관하지 않거나 결과에 크게
신경 쓰지 않는 사람들은 떨거나 공포감을 거의 느끼지 못한다.

떨림, 불안, 공포증은 누구나 겪는 지극히 자연스러운 현상이다.
이러한 증상을 극복하는 최고의 방법은 우선 긍정적인 마음가짐
을 갖는 일이다.

혹시 떨림과 공포증에 놓인 분이 있다면, 걱정하지 마시라. 군사
들이 훈련을 통해 강해지듯 떨림, 불안, 공포증 또한 이 책과 함께

극복될 것이다. 읽되 마지막 페이지까지 소리 내서 읽어라. 그리고 말의 원리를 익혀 실천하면 떨림을 극복하고 말을 잘하는 사람이 될 것이다.

떨림 극복 꿀팁으로, 평상시 복식호흡을 하고 큰 소리로 책을 읽으면 발표 불안 극복에 큰 도움이 된다. 하루 10분씩 3개월만 실천해도 효과가 있다. 크게 소리 내어 읽으면 말할 때 다듬어야 할 곳이 어디인지 찾을 수 있고, 불완전한 문장과 어색한 단어를 정복하여 자신감을 가질 수 있다. 또 올바른 표현을 하기 위한 다양한 감각도 찾을 수 있다. 틈새시간에, 그리고 거울을 보면서 혼자 연습해 보라.

인플루언서

.

.

당신이 어떤 사람의 외모나 특정한 면을 좋아한다면 그 사람의 알려지지 않은 모든 것까지 좋아하게 될 가능성이 크다. 이러한 경향을 후광효과(halo effect)라고 부른다.

이제 막강한 인플루언서(influencer, 영향력 있는 개인)의 후광효과는 주위에서 얼마든지 찾아볼 수 있다. 가령 어떤 여자나 남자의 외모가 나의 마음에 쏙 들만큼 호감형이라 생각해 보자. 그다음에는 그나 그녀의 외모 외 다른 부분도 하나둘 관심을 가지며 좋아하게 된다. 목소리가 매력적으로 들리고 심지어 잘 알지도 못하면서 아주 착하고, 관대하고, 신뢰적인 사람이라는 느낌까지 갖게 된다.

이처럼 한 가지 특징이 다른 부분까지도 영향력을 미치는 것이 바로 후광효과이다. 그런데 가장 막강한 인플루언서적 후광효과란 바로 '말'이다.

그것이 말을 유창하게 잘하면 자신감 넘치고 스마트하게 보이는 이유다. 그러면 호감과 신뢰가 더해져 명성이 높아지고 하는 일들도 후광을 받아 더욱 빛난다.

듣는 사람

．

．

나는 말하는 사람인가? 듣는 사람인가?

한 사람이 어떤 방식으로 관계를 맺는 사람인지 알아보기 위한 첫 번째 방법은 그가 '말하는 사람'인지, '듣는 사람'인지를 파악하는 것이다. 세상에 이 둘 다인 사람은 거의 없다. 당신은 두 부류 가운데 어디에 속하는가?

좋은 관계를 맺지 못하는 사람은 말하는 사람이었지만, 신뢰감 있고 좋은 관계를 맺는 사람은 듣는 사람이었다. 듣기는 그 무엇보다 적극적인 발화 행위이기도 하다.

몽골 제국의 건국자 칭기즈 칸(Činggis Qan)은 문맹이었다. 그런데 어떻게 세계를 정복했던 걸까? 그는 각지의 전문가들로부터 중국, 유럽 및 아라비아에 이르는 넓은 영토의 사정을 전해 들었다. 칭기즈 칸은 나중에 이렇게 말했다. "내 귀가 나를 만들었다."

돈 버는 일에는 성공했는데 좋은 관계적 리더로서는 실패했다면 '왜'인지 그 이유를 물어야 한다. 왜 실패했는가? 아마 듣는 사람이 아니었을 확률이 높다.

고대 수사학

.

.

오래전 고대 수사학에 매료되어 서양 철학자 아리스토텔레스의 수사학을 배웠다. 우선 '수사(修辭)'란 아름다운 옷을 입고 화장을 하는 것처럼 말을 꾸미는 일을 의미한다.

말도 장식품처럼 아름답게 꾸미면 더욱 빛을 발한다. 생동감 넘치는 말로 감동시키고 감화할 수 있는 수사적 표현법을 사용할 줄 알아야 한다.

수사법을 잘 쓰면 사물의 내재적 특징을 직관적으로 알려 주어 더 분명하고 자세하게 사물을 인식하게 해 준다. 예를 들면, 누군가 멋진 옷을 입었을 때, "정말 옷이 날개네요"라고 표현해 보는 것이다.

먼저 작은 것부터 구체적으로 표현해 보자.

예술 언어

.

.

예술적인 언어는 문학적 도구다. 예술적인 언어는 적대적인 마음에도 큰 공감을 불러일으킨다. 문학적 도구로써의 언어에는 생생한 동사론, 교차대구법, 평행법, 과장법, 반어법, 역설법, 직유법, 은유법, 대화, 풍자, 의성어, 반복, 리듬, 이야기 등의 기교가 있다. 오늘부터 조금씩 아름다운 문학적 언어를 사용하여, 당신의 말에 예술적인 아름다움을 더해 보자. 예술적 언어에는 무딘 감각을 깨우고 집중하게 만드는 힘이 있다. 이 유려한 문학적 도구는 즐겁고, 신비하기까지 하다. 말하는 사람과 듣는 사람을 가까워지게 만든다.

예술적 언어가 진리나 격언 등과 결합하면 더 큰 힘을 발휘한다. 대화의 가치를 훨씬 더 빛나게 만든다. 우리 모두가 예술적 즐거움의 언어를 능숙하게 구사할 수 있기를 바란다.

이 언어로도 때에 따라 부드럽다가도 날카롭게 말의 균형을 잡는 지혜가 필요하다. 날카롭기만 한 말은 상황을 불편하게 만드는 말이다. 반면 해학이 깃든 예술적 언어는 대화를 빛나고 풍성하게 만들어 준다.

말했듯 거친 말과 부드러운 말은 모두 말하는 이의 성품에 뿌리를 두고 있다. 예술에서 비롯된 언어는 부드럽다. 우리는 자신에게나 타인에게 더없이 부드러우면서도 명확하게 말할 수 있도록 애써야 한다. 유창한 언어를 쓰도록 공부해야 한다. 예술적인 부드러운 한마디가 사람을 살린다.

좋은 생각을 권함

•

•

    심리학자 칼 융(Carl Gustav Jung)은 "우리는 인생에서 두 번 결혼한다"라고 말했다. 우선 모르는 사람끼리 만나서 자신이 생각하고 정의한 상대의 무의식적 이미지와 하나가 되는 것이 첫 번째 결혼이다. 그다음 서로가 비로소 하나의 독립된 존재로, 경험도 성장 배경도 가치관도 다른 두 사람이 앞으로 협력해서 살아갈 것을 인정하는 것이 두 번째 결혼이다.

    좋은 생각을 갖기 위해 좋은 글을 많이 접할 것을 권한다. 고운 마음을 갖고 고운 언어를 사용하기 위해서는 책을 읽고 지혜를 얻어야 한다.

    어떤 사람을 만날 때, 겉모습을 넘어 그 사람의 내면을 마주한다는 느낌을 받을 때가 있을 것이다. 선하고 긍정적인 내면은 말과 행동을 통해 향기롭게 드러나게 마련이다.

    좋은 생각을 갖자. '이제 어떻게 하지?'라는 절망적인 생각이 드는 순간이 중요하다. 과거를 책망하는 대신 현재를 있는 그대로 긍정적으로 받아들이자.

사람은 누구나 자유롭게 생각할 권리를 갖고 있다. 나는 식사를 하든 책을 읽든 선택한 것에 대해 '매우 좋다'라고 생각하고 행동한다. **내가 나의 선택에 만족하는 것은 누구도 침범할 수 없는 나의 자유다.** 매 순간 좋은 생각을 선택하자. 그저 '좋다'라고 마음먹으면 된다. 즐거운 생각을 선택하고 밝고 기쁜 생각을 우리 마음 안에 가득 채우자.

기쁜 마음으로 권한다. 평소 좋은 말을 많이 떠올리고 다른 사람의 장점을 보려고 **노력하자.** 분명 거기에서 에너지가 솟아오르고, 좋은 일이 생기며, 넘치는 행복으로 여러분을 이끌어 줄 것이다.

정제되지 않은 날카로운 한마디는 세상에 깊은 상처를 낸다. 깊이 생각하지 않은 엉성한 말, 매정한 농담 하나가 도저히 회복할 수 없는 상처를 주고 관계를 파괴한다. 사회를 삭막하게 만든다. 부주의한 말 한마디 때문에 누군가의 삶이 부서져 버릴 수도 있다. 그것은 하나의 세계다.

그래서 나는 종종 말한다. 여럿이 모인 자리에서 좋은 말을 할 수 없다면 차라리 아무 말도 하지 않는 편이 낫다고 말이다.

이 책에 내재된 힘은…

(긍정적인 말에 내재된 힘은…)

우리의 삶을 윤택하게 해 준다.

우리의 날들을 밝혀 준다.

우리의 내면에서 최선을 이끌어 낸다.

우리의 정체성을 높여 준다.

우리가 삶에 절망할 때 힘을 준다.

우리가 최선을 다할 수 있도록 용기를 준다.

사기를 고취시킨다.

가슴이 따뜻해진다.

기분이 좋아진다.

웃을 수 있게 해 준다.

상처를 치유한다.

슬플 때 우리를 위로해 준다.

노고를 알아봐 준다.

자신감을 준다.

힘든 시기에 지탱해 준다.

승리를 축하해 준다.

감사를 전한다.

깜짝 놀랄 기쁨을 준다.

소중한 교훈을 가르쳐 준다.

가정이 회복된다.

학교가 즐거워진다.

회사가 발전의 장이 된다.

사회가 밝고 건강해진다.

사람을 살린다.

올바른 행동을 하게 돕는다.